Jan Küppers

„Geld wächst doch auf Bäumen"

Online- Marketing 2.0

Verständlich für jedermann!

- **Kundenvertrauen herstellen**
- **Homepage-Besucher gewinnen**
- **Online-Marketing gezielt einsetzen**

Know-how für Einsteiger

Vorwort zur 1.Auflage

des Handbuchs
Online-Marketing 2.0 . Werbeformen im Internet.

Heute können wir auf fast 50 Jahre Geschichte - von der Entstehung bis zur heutigen Entwicklung - des Internets zurückblicken. Und ob- wohl das Internet erst in den letzten zwei Jahrzehnten endgültig seinen Siegeszug um die Welt angetreten hat, ist es in Deutschland sowie in den übrigen Industrienationen lange schon in aller Munde. Und mehr noch! Für die Wirtschaft ist es nicht nur ein Muss, sondern vielmehr schon eine Pflicht, auch im Internet präsent zu sein. Wer Telefon hat, der muss auch Internet haben. Und wer Internet hat, der muss auch eine Homepage haben.

Warum aber kann eine Website zum Erfolgsfaktor einer Unterneh- mensbilanz werden? Nun, wer ein Gewerbe betreibt, der möchte auch gefunden werden. Wohl kaum ein Unternehmer wird es sich schließ- lich leisten wollen, ein Geschäft zu führen, ohne seine Waren und Dienstleistungen anzubieten. Während der Kaufinteressent früher überwiegend ein Branchenverzeichnis oder eine Zeitungsanzeige nutzte, um einen Anbieter zu finden, sucht und vergleicht er heute im Internet. Und er findet! Und wenn nicht SIE, dann Ihre Konkurrenz!

Vor einigen Jahren sprach man in Verbindung mit der Homepage noch von der „Visitenkarte im Internet". Man meinte damit eine einzelne Firmenseite im Internet, die mit Adresse und Logo versehen die Innovationsfreudigkeit mit der Befürwortung der neuen Medien zum Ausdruck bringen sollte. Inzwischen allerdings ist die schnelllebige Entwicklung des Internets vorangeschritten. Und die Anforderungen an eine Internetpräsenz sind deutlich gestiegen. Es gilt nicht mehr alleine präsent zu sein, sondern unter hunderten oder gar tausenden Mitbewerbern aufzufallen. Dabei spiegelt sich die Gegenwart in Transparenz, Kundensicherheit, zielgruppengerechte Vermarktung, Online-Kommunikation, Aktualität und Interaktivität wider. Das sind im Groben nur einige Ziele, die ein Homepage-Betreiber heute ver-

folgen kann, um gewinnbringend und konkurrenzfähig zu bleiben. Dafür bieten sich sowohl für den ambitionierten Einsteiger als auch für den semiprofessionellen Webmaster viele Lösungen auch für den kleinen Geldbeutel an. Und diese erfolgsorientierten, aber auch wei- tergehende und teils praxisnahe

Erfahrungen, möchte ich Ihnen in diesem Werk versuchen weiterzugeben.

Obwohl dieses Buch vor Herausgabe ständig auf größtmögliche Ak- tualität angepasst wurde, sind Veränderungen gerade im Medium Internet nahezu ruhelos spürbar. Es ist daher für jeden Handelnden dringend empfehlenswert, parallel zu diesem Werk die Erkenntnisse mit aktuellen Fachzeitschriften oder durch Nachforschung in einem der unzähligen Internet-Suchdienste zu ergänzen. In diesem Buch ist der Einfachheit halber mehrfach vom „Webmaster", vom „Homepage-Betreiber" oder beispielsweise vom „Marketingverantwortlichen" die Rede. Selbstverständlich bezieht sich der Autor damit gleichfalls auf die Frauen, die ebenso entscheidende Rollen in der Wirtschaft einnehmen, wie Männer. Der Autor ist sich des Umstands bewusst, dass Kinderkrankheiten innerhalb eines Erstausgabewerkes unver- meidbar sind. Für Hinweise und Verbesserungsvorschläge aber auch für Kommentare schreiben Sie gerne an den Verlag.

Hanau, im Juni 2014

Jan Küppers

Einführung

Eine mühevoll erstellte Homepage enthält exklusive Informationen und Angebote, die für viele Internetbenutzer interessant wären. Zu oft aber werden die Seiten nicht besucht und die Angebote nicht beachtet, weil Sie für die eigentliche Zielgruppe nicht erreichbar sind - oder ein Auffinden erst gar nicht möglich ist.

Gerade Kleinunternehmer, Selbständige und Freiberufler, die von der Bereitstellung der Informationen, der Angebote und der Dienstleistungen bis zur kaufmännischen und technischen Organisati- on der Internetseiten alles im Kopf haben müssen, verlieren dabei oft den Blick für das Wesentliche - die Werbung!

Sie haben bereits eine eigene Internetpräsenz oder schreiben gerade die Inhalte, dann ist es sicher, dass es dabei nicht bleiben soll. Schließlich wollen Sie, dass die Inhalte auch gelesen werden und Beachtung finden. Produkte und Dienstleistungen verkauft werden und sich Ihr hervorragender Name auch herumspricht und so als Marke etabliert. Und dafür sollten Sie sowohl die gängigen aber auch neueren Werbeformen im Internet nutzen.

Service und Transparenz zählen heute nicht nur zu den Favoriten bei der Kundengewinnung im E-Business, sondern setzen überhaupt den Grundbaustein für eine Positionierung im ständig wachsenden Wettbewerb. Deshalb sollten Sie nun einige, wichtige Punkte kurz durchgehen, die Sie bei dem Inhalt und der Gestaltung, also dem Aufbau Ihrer Internetseiten, unbedingt beachten sollten. Denn diese nehmen nicht nur einen entscheidenden Einfluss auf den Erfolg Ihrer späteren Werbeaktivitäten, sondern bieten Ihnen andererseits auch einen Multiplikator in der Neukundengewinnung, vor allem auf Basis der natürlichen Weiterempfehlung.

1.1 Den Überblick behalten

Zufällig klickt sich jemand im weltweiten Datennetz bis auf Ihre Ho- mepage durch. Würde er sich dort überhaupt zurecht finden? Würde er Ihre verfassten Texte verstehen?

Stellen Sie sich einmal vor, Sie betreten ein grosses Lebens- mittelgeschäft, haben natürlich wieder wenig Zeit mitgebracht, und wollen nun schnell die nötigsten Besorgungen machen. Dann wissen Sie schon aus Erfahrung genau, dass Sie die Butter in einer der zahl- reichen Kühltheken und den frischen Kopfsalat im Bereich der Obst und Gemüseabteilung finden werden. Dazu sind diese Warenbereiche letztlich noch mit grossen Hängeschildern ausgeschrieben.

Diesen Ordnungssinn sollten Sie auch auf Ihre Internetseiten übertragen. Denn es gibt kaum Abschreckenderes, als Internetseiten, auf denen man sich nicht zurecht findet. Die inzwischen ausgiebige Erfahrung im Internet hat gezeigt, dass viele Programme zur Erstel- lung von Internetseiten (Webeditoren) bereits eine übersichtliche und gängige Struktur vorgeben, die etwa so aussieht:

HOME

PRODUKTE

FAQ

HILFE

KONTAKT

Home oder auch Startseite genannt, steht dabei am Anfang der Glie- derung und legt die Eingangsseite Ihres gesamten Internetauftritts fest. Die Tatsache, dass jeder Besucher, der Ihre Internetadresse direkt aufruft (z.b. www.IhrName.de) zuerst diese Eingangsseite sieht, legt auch die Wichtigkeit des Inhaltes fest. Es wäre also angebracht, alles darzustellen, was wirklich interessiert. Hier können beispiels- weise Ihre Tätigkeitsbereiche und Aufgabengebiete, Nachrichten Ih- rer Firma und Vorstellungen Ihrer neuesten und gefragtesten Produkte oder besondere Angebote und neueste Themen stehen. Also alles, was in Bezug auf Ihre Arbeit hohe Beachtung finden soll.

Die Rubrik Produkte kann auch durch „Leistungen", „Thema" oder ähnliches ersetzt werden und beinhaltet einen Überblick Ihrer

Angebotspalette mit kurzen Beschreibungen und Linkverweisen zu ausführlichen Erläuterungen und eventuellen Bestellmöglichkeiten.

Unter *FAQ* (Frequently Asked Questions) zu deutsch „Häufig beantwortete Fragen" beantworten Sie Fragen vorab, die Sie von Be- suchern eben häufig gestellt bekommen. Sie vermeiden damit, täglich wieder auf die gleichen Fragen Antworten zu müssen, indem Sie die Antworten hier gleich unter die jeweilige Frage schreiben.

Hilfe und Kontakt können auch gemeinsam dargestellt werden, denn das Eine schliesst das Andere nicht unbedingt aus. Wobei *Hilfe* speziell auf Kontaktmöglichkeiten zum Thema, zu technischen Problemen der Internetseiten und zu Kundenfragen (Support) verweist, während *Kontakt* eher allgemeine Anfragen umfasst.

Die Bezeichnungen dieser Seitengliederung dienen hier nur der Orientierung zum Aufbau der Internetpräsenz und können natürlich auch beliebig dem eigenen Thema oder Angebot angepasst wer- den.

Tip! Sobald Sie die Internetseiten fertig erstellt haben, besuchen Sie die Internetseiten selbst und versuchen Sie, sich in die Lage eines Besuchers zu versetzen. Oder noch besser, lassen Sie einen Mitarbeiter oder Freund die Seiten besuchen. Stellen Sie sich oder ihm dabei die folgenden Fragen: Kämen Sie mit der Benutzerführung zu- recht? Würden Sie die Texte verstehen? Sind die Texte aussagekräftig?

1.2 Anonym? Schon verloren...

Die Gliederung unserer Internetseiten haben wir mit dem Kontakt abgeschlossen. Sie können Ihren Erfolg von vornherein steigern, wenn Sie auch dort ein paar wichtige Hinweise beachten.

Oft surfe ich durch die Internetseiten hochinteressanter Angebote, von denen ich sehr überzeugt bin und auch die Referenzen sprechen für sich. Wie viele Andere, habe ich allerdings die Angewohnheit, bevor ich mich entgültig für das Angebot entschliesse, einmal nachzusehen, wer überhaupt der Anbieter ist. Ich gehe also auf Kontakt oder Impressum und muss leider feststellen, dass dort weder ein Firmenname, ein Ansprechpartner noch eine Telefonnummer zu fin- den ist. Stattdessen steht dort eine dubiose E-Mail-Adresse, vergeben von einem der zahlreichen kostenlosen E-Mail-Anbieter. Eigentlich ist das sehr schade! Aber was würde ich schon machen, wenn ich später mal dringend eine Frage habe? Vielleicht tagelang warten, bis ich auf meine E-Mail eine Antwort erhalte? Nein! Und überhaupt, ein Anbieter, der mir nicht einmal seinen Namen verraten will! Was soll ich von dem schon halten?

Sie merken also, gerade als Anbieter einer Ware oder Dienst- leistung ist Ihr Erfolg auch ganz erheblich davon abhängig, ob Sie Ihre Kontaktdaten angeben oder nicht. Aber auch, wenn Sie nur über ein bestimmtes Thema informieren, wird Ihre Darstellung sehr viel aussagekräftiger, wenn der Besucher auch erfährt, von wem Sie veröffentlicht wurde.

Geben Sie also immer Name, Anschrift, Telefonnummer und wenn möglich Telefax unter Ihrem Impressum an. Bei Gewerbetrei- benden sollte auch der Firmenname und eine Ansprechperson nicht fehlen. Vermeiden Sie aber Abkürzungen bei Namen und auch die Angabe von Servicerufnummern, bei denen der Anrufer hohe Minu- tenpreise zu zahlen hat. Das wirkt nicht gerade kundenorientiert. Vielleicht binden Sie auch ergänzend noch ein elektronisches Kon- taktformular an. Das bietet Ihnen den Vorteil, dass Sie gleich alles abfragen können, was für die Beantwortung der Anfrage für Sie von Bedeutung ist.

1.3 Eigenschutz geht vor

Zuletzt haben wir festgestellt, wie ausschlaggebend die Angabe voll- ständiger Kontaktdaten für eine Kundenbindung sein können. Für Händler, Verkäufer und Anbieter einer Dienstleistung, ist es aber so- gar Pflicht, vor Vertragsschluss auf elektronischem Weg, unter ande- rem über die Identität zu informieren.

Auch die gesetzlichen Vertreter erkennen zunehmend, dass sich der elektronische Weg der Kundenanbindung ständig weiter durchsetzt und ändern dahingehend mehrmals im Jahr die Gesetzestexte. Da gibt es schon so einige Gesetze, mit denen Sie in Berührung kommen können. Die wichtigsten sind wohlneben vielen weiteren! - natürlich das Grundgesetz (GG), das Bürgerliche Gesetzbuch (BGB), das Handelsgesetzbuch (HGB), das Bundesdatenschutzgesetz (BDSG), das Teledienstegesetz (TDG), der Mediendienste- Staatsvertrag (MDStV), das Informations- und Kommunikationsdienste-Gesetz (IuKDG), das Gesetz zum elektronischen Geschäftsverkehr (EGG) und noch einige mehr.

Im Laufe der Zeit, in der ich mich schon mit dem Internet be- schäftige, gab es wohl eine ganze Reihe Internetseiten und Anbieter, die neu starteten. Viele davon sind aber genauso schnell wieder ver- schwunden, wie sie da waren. Und ich wette mit Ihnen, die meisten gäbe es heute noch, wenn sie nur ein Wenig in die Rechtsberatung investiert hätten. Informieren Sie sich von rechtlicher Seite über Ihre Inhalte und Angebote - bevor Sie Ihre Internetseiten kräftig bewerben. Schliesslich wollen Sie nicht schon nach den ersten Besuchern aufgeben müssen, weil Sie sich eine Klage eingehandelt haben.

Wie die meisten, werden wohl auch Sie nur ungern ihr schwer verdientes Geld in dutzende mehr oder minder langweilige Gesetzes- bücher investieren wollen - die zudem nach wenigen Monaten doch wieder hinfällig sind, weil sich wesentliche Rechtsprechungen verän- dert haben. Hier bietet das Internet eine akzeptable Lösung an. Unter der Mithilfe vieler Juristen und Anwaltskanzleien werden komplette Gesetzestexte kostenfrei im Internet veröffentlicht. Ich habe Ihnen die wichtigsten Adressen zusammengestellt, die allgemeine und speziell

auf den Internethandel (E-Commerce) ausgelegte Gesetze bereite- stellt haben:

Verweise

http://www.web-jur.de/

http://www.dejure.org/
http://www.online-recht.de/
http://www.netlaw.de/
http://www.gesetze-xxl.de/

http://www.redmark.de/
http://www.rechtliches.de/
http://jurcom5.juris.de/bundesrecht/

!Nicht alle Gesetzestexte die im Internet abrufbar sind, müssen auch aktuell sein, deshalb sollten Sie bei Ihrer Recherche im Internet immer auf das Datum der letzten Aktualisierung achten oder gegebenenfalls beim Autor erfragen.

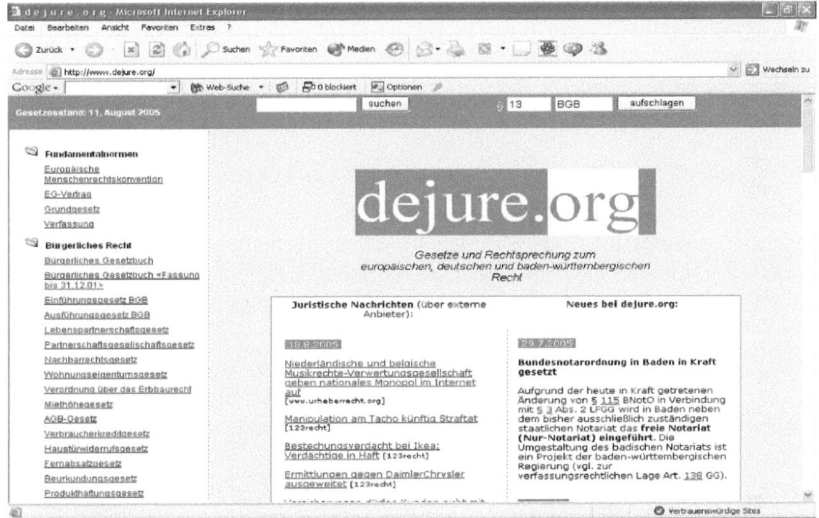

Abb.: dejure.org

1.3.1 Haftung ausschliessen

Das im Internet wohl bekannteste Urteil ist das des Landgerichts Hamburg (AZ 312 O 85/98) vom 12. Mai 1998. Damit ist es aber auch das am häufigsten missverstandene Urteil überhaupt. Nicht wenige Homepage-Betreiber veröffentlichen auf Ihrer Website ein auf dieses Urteil bezogenen Haftungsausschluss in etwa dieser Form:

Mit Urteil vom 12. Mai 1998 (AZ: 312 O 85/98) hat
das Landgericht Hamburg entschieden, daß man durch
die Ausbringung eines Links die Inhalte der verknüpften Seite ggf. mit zu verantworten hat. Dies
kann, so das LG, nur dadurch verhindert werden, daß
man sich ausdrücklich von diesen Inhalten distanziert. Für alle Links von meinen Seiten auf Seiten
Dritter im Internet gilt: Ich erkläre ausdrücklich,
daß ich keinerlei Einfluß auf die Gestaltung und die
Inhalte der verknüpften Seiten anderer Anbieter habe. Deshalb distanziere ich mich hiermit aus- drücklich von allen Inhalten aller aus meinen Webseiten
verknüpften Seiten Dritter, die gesetz- widrig sind
und mache mir gesetzwidrige Inhalte NICHT zu eigen.
Diese Erklärung gilt für alle in (Internetadresse)
aktiven und passiven Links zu Seiten Dritter.

Im besagten Rechtsstreit vor dem Landgericht Hamburg wurde des- halb
verhandelt, weil ein Homepage-Betreiber mit einer pauschal angebrachten
Haftungsfreizeichnungsklausel eine Zusammenschau ehrverletzender Äuße-
rungen über den Kläger auf seiner Internetseite publizierte. Das Gericht emp-
fand den Beklagten jedoch für schuldig, da er sich durch das Aufnehmen eines
sogen. Links auf die eigene Webpage die auf der fremden Website gemachten,
beleidigenden Tatsachenbehauptungen als auch Meinungsäußerungen zu eigen
ge- macht habe. Weiterhin überschreite der Text an mehreren Stellen die ge-
schützte Meinungsfreiheit, weil die Grenze zum Ehr- und Persön- lichkeits-
rechtsschutz nicht eingehalten werde und die Aufnahme des Links auch nicht
mit der Haftungsfreizeichnungsklausel zu rechtferti- gen sei.

Mit der Ausschreibung eines solchen Haftungsausschlusses schliessen
sich Homepage-Betreiber also mehr oder minder dem für schuldig empfunde-
nen Handeln des Beklagten an. Aus dem Urteil des Gerichts ist jedoch deutlich
herausgegangen, dass die Anbringung eines Haf- tungsausschlusses oder ähnlichem kein juristischer Freibrief für die Veröffentlichung fremder Inhalte und
Verweise auf der eigenen Web- site ist. Im Gegenteil sogar! Im konkreten Fall
insbesondere, weil die Zusammenschau der fremden Inhalte auch nicht der
Wahrheitsfin- dung dienten.

Nach all diesen neuen Erkenntnissen stellt sich nun so manch einem noch
immer die Frage: Haftungsausschluss nun anbringen oder besser nicht? Eine

eindeutige Antwort auf diese Frage gibt es nicht, denn die Tücke liegt im Detail. Bei Rechtsstreitigkeiten wird es immer um den im Einzelnen dargestellten Sachverhalt gehen. Mit einem Haftungs- ausschluss wird man sich auch nie einer eventuellen Verantwortung entziehen können. Vor allem dann nicht, wenn man Inhalte und Links veröffentlicht, die im Konflikt mit einem Gesetz stehen. In diesen Fällen kann man sogar davon ausgehen, dass ein Haftungsausschluss vielmehr auf das Unrechtbewusstsein eines Webmasters hindeutet. Für den Fall, dass ein Haftungsausschluss also überhaupt in die Webseiten eingebracht wird, sollte dieser jedoch mindestens überall deutlich kenntlich und auch auf die spezifischen Verhältnisse des Online-Angebotes angepasst sein. Eine Rechtsschutzversicherung bietet der Haftungsausschluss aber so und so nicht. Daher gilt vielmehr, die Inhalte fremder Internetseiten bei Verlinkung auch zu prüfen und darauf zu achten, was auf den eigenen Internetseiten publiziert ist und ggf. auch von anderen Usern publiziert wird.

Dennoch möchte ich Ihnen hier ein Beispiel zeigen, wie ein Haf- tungsausschluss aussehen könnte:

Musterbeispiel „Haftungsausschluss"

Die Redaktion ist als Inhaltsanbieter für die "eigenen Inhalte" verantwortlich. Von diesen eigenen Inhalten sind Querverweise ("Links") auf die von anderen Anbietern bereitgehaltenen Inhalte zu unter- scheiden. Für diese fremden Inhalte ist sie nur dann verantwortlich, wenn sie von ihnen (d.h. auch von einem rechtswidrigen bzw. straf- baren Inhalt) positive Kenntnis hat und es ihr technisch möglich und zumutbar ist, deren Nutzung zu verhindern, sonst wird jegliche Haftbarkeit ausgeschlossen.

Bei Links handelt es sich allerdings stets um "lebende" Verweise. Die Redaktion hat alle gelisteten Internetseiten, auf die von redaktionellen Inhalten weitergeleitet wird, zwar auf den fremden Inhalt überprüft, es ist aber nicht zumutbar alle Seiten fortlaufend auf Veränderungen zu überwachen. Bei Emails, automatischen Antworten, Linklisten, dynamischen Internetseiten, Foren und Chaträumen handelt es sich aber oftmals um völlig eigenständige Programme, für die eine Überprüfung nicht immer möglich ist.

Erst wenn die Redaktion feststellt oder von anderen darauf hinge- wiesen wird, dass ein konkretes Angebot, zu dem sie einen Link be- reitgestellt hat, eine zivil- oder strafrechtliche Verantwortlichkeit aus- löst, wird sie den Verweis auf dieses Angebot aufheben, soweit ihr dies technisch möglich und zu-

mutbar ist.

Die Redaktion distanziert sich hiermit ausdrücklich von allen Inhalten sämtlicher gelinkter Seiten und verweist darauf, dass sie weder Ein- fluss auf Gestaltung und Inhalte der gelinkten Seiten hat noch sich diese Inhalte zu eigen macht und übernimmt keine juristische Ver- antwortung oder irgendeine Haftung, auch nicht für eventuell verblie- bene fehlerhafte Angaben und deren Folgen.

Es wird empfohlen, unseriöse Angebote oder Machenschaften um- gehend im Detail mitzuteilen, damit andere Nutzer, Kunden und Partner sofort davon in Kenntnis gesetzt werden können.

Vielen Dank für Ihre Mithilfe.

Und bedenken Sie, dass auch die Einbindung einer Internetadresse (sogen. „Link") bereits zur Haftung führen kann. Binden Sie also bei- spielsweise eine offensichtlich pornographisch betitelte Internetadres- se in Ihre Internetseiten ein, kann dies bereits zur Anzeige und sogar bis zur Freiheitsstrafe führen; Grund: pornographische Schriften.

Ich möchte Ihnen daher dringend empfehlen, im Zweifel fachmännischen Rat einzuholen oder einen Fachanwalt mit der Prü- fung Ihrer geplanten oder bereits publizierten Inhalte zu beauftragen.

1.4 Tipps für Verkäufer und Dienstleister

Wenn Sie erfolgreicher als Andere um die Gunst des Kunden werben wol- len, müssen Sie manchmal auch etwas mehr dafür tun. Und oft- mals drückt sich das auch gleich finanziell aus. Aber gerade für An- bieter von Produkten und Dienstleistungen kann sich das ganz schnell wieder bezahlt machen. Schliesslich werden zufriedene Kunden zu Wiederholungstätern und zu Emp- fehlungsgebern!

1.4.1 Datenschutz

Sicherlich werden auch Sie lieber bei einem Anbieter bestellen oder bu- chen, bei dem Sie wissen, dass Ihre persönlichen Daten gut aufge- hoben wer-

16

den und nicht bei nächster Möglichkeit verkauft, ausspio- niert oder zu Werbezwecken verwendet werden. Wer kann es schon leiden, wenn der Briefkasten, das Faxgerät oder das E-Mail-Postfach völlig mit Werbebotschaften übermüllt ist oder man zu den unpas- sendsten Zeiten von Firmen angerufen wird, von denen man bisher nie gehört hat. Diese Massenwerbung ist nicht nur teilweise verboten, sondern schafft gegenüber dem Anbieter sogar ein Misstrauen. Sie müssen also das Gegenteil bei potenziellen Kunden erlangen, nämlich Vertrauen.

Eine Möglichkeit dafür ist sicherlich das Einbinden eines Hinweistextes, etwa dass Kundendaten zwar zur Inanspruchnahme der Services gemäss Bundesdatenschutzgesetz elektronisch gespeichert werden, aber nicht weitergegeben oder verkauft werden. Die alleinige Tatsache, einen solchen Hinweistext abzudrucken und den Datenschutz einzuhalten, genügt aber heute eher selten, um jemanden noch davon zu überzeugen. Insbesondere dann nicht, wenn es sich dabei um das liebste Hobby des Bürgers handelt; und das ist Shop- ping.

Solange es um die Aufbewahrung der Kundendaten geht, werden Sie als Anbieter machtlos sein und nicht mehr tun können, als ordentlich und sorgfältig mit den wertvollen Daten Ihrer Kunden umzugehen. Aber wenn es um die reine Datenübertragung geht, können Sie doch noch so einiges tun. Nicht selten hat die Spionage von Daten im Internet schon so richtig Furore gemacht. Nicht zuletzt, wenn es um Kreditkartennummern und Bankdaten geht. Diese von Sicher- heitsexperten als „sensible Daten" bezeichneten Angaben, werden am häufigsten für einen Missbrauch benutzt. Die damit verbundenen Zahlungsmethoden sind aber wiederum für das Einkaufen im Internet heute nahezu unumgänglich geworden, denn Sie gewährleisten Ihnen als Anbieter letzten Endes eine reibungslose und schnelle Bezahlung des Kunden.

1.4.2 SSL-Zertifikattechnologie

Die einzig wirklich sichere Übertragung von Daten erfolgt nur mit Hilfe einer SSL-gesicherten Verbindung. Es gibt zwei Formen, ein- mal die 40-bit-Schlüssel und die 128-bit-Schlüssel. Während sich 40- bit eigentlich nur für den Einsatz bei kurzen und nicht so wichtigen Datenübertragungen rentiert, stellt der 128-bit Schlüssel die Sicher- heit her, bei der es praktisch unmöglich ist, dass Daten mitgelesen oder manipuliert werden. Wenn Sie also eine Auswahl treffen, dann ziehen Sie zunächst die Letztere in Erwägung, also die sicherste Variante.

Um Ihren Kunden dieses kleine Stückchen Sicherheit bieten zu können, müssen Sie allerdings in den meisten Fällen schon ziemlich tief in die Tasche greifen, denn es herrscht nicht gerade ein reger Wettbewerb auf dem Markt mit der Sicherheit. Eines der wenigen seriösen und zuverlässigen Unternehmen, das ich empfehle, ist die D- Trust GmbH (www.d-trust.de)

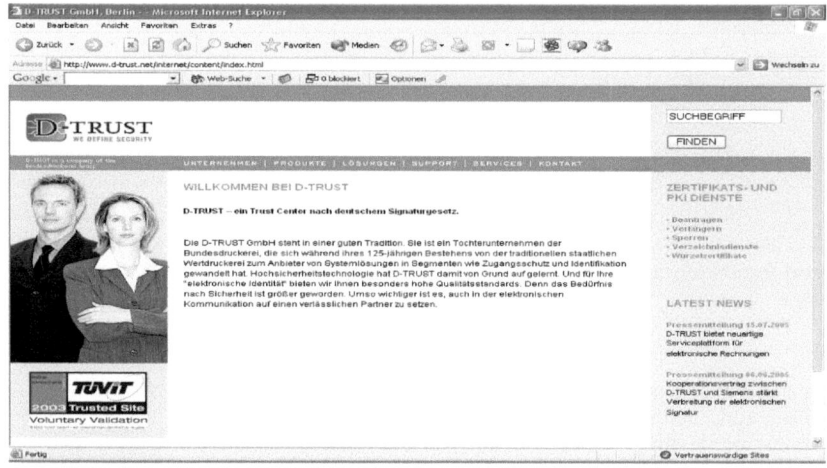

Abb.: d-trust.de

Für den Erwerb eines einjährigen Zertifikates müssen Sie dann schon mit einem Preis zwischen 420 und 1070 Euro rechnen. Je nach Verschlüsselung versteht sich. Nach den momentanen Angeboten wird es günstiger für Sie, wenn Sie sich gleich für eine Laufzeit von 2 Jahren entscheiden. Aber am Besten, Sie besuchen einfach mal die Internetseite www.d-trust.de, dann können Sie sich nicht nur über die Preise und die technischen Anforderungen und Voraussetzungen in- formieren, sondern gleich einmal sehen, wie sich eine sichere Verbindung für den Internetbesucher kenntlich macht. Denn direkt beim Aufruf der Internetseite erhalten Sie üblicherweise einen Hinweistext, der bei den bekanntesten Webbrowsern etwa so aussehen kann:

Internet Explorer:

Sie sind im Begriff, sich Seiten über eine sichere Verbindung anzeigen zu lassen. Keine der Informationen, die Sie mit dieser Site austauschen, kann von anderen Personen im Web gesehen werden.

Netscape Communicator:

Sie haben ein sicheres Dokument angefordert. Das Dokument und alle Informationen, die Sie zurücksenden, werden während der Übertragung zur Wahrung der Privatsphäre verschlüsselt.

Erhalten Sie keinen Hinweis, ist es möglich, dass diese Anzeige- Funktion bei Ihrem Webbrowser ausgeschaltet ist. Ein weiteres Indiz für eine gesicherte Verbindung ist das gelbe verriegelte Schloss, das bei den aktuelleren Browsern am unteren Bildschirmrand angezeigt wird.

1.4.3 Abrechnungssysteme (ePayment)

Sie sehen also, eigentlich ein schöner Umstand, zu wissen, dass man sich ohne den Einblicken Anderer bewegen und Daten verschicken kann. Gerade zum Zweck der Kundenabrechnung ist eine sichere Verbindung aber noch nicht ganz ausreichend. Irgendwie müssen Sie ja auch mit den empfangenen Bankdaten und Kreditkartennummern zu Ihrem Geld kommen. Über die dafür notwendigen Bezahlungssy- steme berät Sie im Allgemeinen die Hausbank, bei der Sie auch Ihr Konto führen.

Eine günstigere Lösung - zumindest für die kleineren Homepage-Betreiber unter uns - gibt es aber doch noch und das sind Ab- rechnungsdienste. Diese übernehmen, wie es der Name schon sagt, die Abrechnung mit Ihren Kunden und das natürlich auch im Internet mit einer gesicherten Verbindung. Ihr Vorteil, Sie erhalten alles aus einer Hand, müssen sich fast um nichts kümmern und zahlen in aller Regel je nach Transaktion und vielleicht Einrichtungs- und Monats- gebühren. Die häufigen Nachteile, Sie erhalten die Kundenzahlungen nur einmal im Monat gesammelt überwiesen und zahlen im Vergleich zur eigenständigen Abrechnung sehr hohe Gebühren je Transaktion. Sie sollten also die Überlegung anstellen, ob Ihr Kundenstamm so gross ist, dass sich eher die eigenständige Abrechnung lohnt oder Ihnen die Abrechnungsdienste doch wesentliche Vorteile bieten. Nachfolgend sind einige der bekannten Abrechnungsdienste aufgelistet.

Verweise

http://www.ecm.de/
http://www.allcash.de/ http://www.cybercash.de/

http://www.firstgate.de/ http://www.paybox.de/
http://www.gzs.de/

1.4.4 Güte- und Prüfsiegel

Haben Sie sich entschieden, einen Online-Shop mit gesicherter Ver- bindung und der Möglichkeit zur Kreditkartenzahlung zu betreiben, bietet Ihnen die aufwendigere Vorbereitung dafür auch einige Wer- beeffekte. Denn diverse Institutionen und Unternehmen vergeben Urkunden, Zertifikate und Siegel für geprüfte Online-Shops. Der Grund liegt auf der Hand, man möchte dem Verbraucher nur wirklich kundenorientierte und ehrliche Anbieter empfehlen.

Jeder Anbieter, der sich darum bemüht, ein begehrtes Siegel zu erlangen, muss dafür natürlich auch die verlangten Eigenschaften erfüllen. In erster Linie wird von den Prüfstellen eigentlich alles das begutachtet, was wir bis jetzt schon angesprochen haben, also die Angabe der Identität, Einhaltung gültiger Gesetze einschliesslich Da- tenschutz sowie die technische Verfügbarkeit einer gesicherten und verschlüsselten Datenübertragung (128-bit). Zuletzt zählt ebenso ein sorgfältig ausgewähltes Sortiment an Waren zu marktgerechten Prei- sen in Zusammenhang mit einer kundenfreundlichen Rückgabegaran- tie dazu.

Ausser diesen Auszeichnungen können Sie mit Ihrem Online-Shop natürlich genauso bei den Tests der Medien und der Presse gut ab- schneiden. Das gilt auch, wenn Sie zwar die bisherigen Tipps berück- sichtigen aber nicht unbedingt als Online-Shop auftreten.

1.4.5 Referenzen

Um eine bestimmte Form der Auszeichnung geht es auch bei Refe- renzen. Im Gegensatz zu den Güte- und Prüfsiegeln zeichnen Sie sich allerdings selbst aus. Nämlich mit der Angabe und Auflistung von Kunden, die bei Ihnen bereits Waren oder Dienstleistungen geordert haben. Im privaten Sinne würden Sie das Wort „Referenzen" vermut- lich durch „Angeberei" ersetzen. Im wirtschaftlichen Sinne ist es aber durchaus absolut üblich, einen Einblick in die bereits bestehende Kundenkartei zu gewähren. Wenn Sie also bereits Kunden haben, dann erfragen Sie bei diesen, ob Sie die Firmen- oder Personennamen in Ihre Referenzliste öffentlich aufnehmen dürfen. Zwei Dinge sollten Sie jedoch beachten. Namhafte Kunden bringen Ihnen in Ihrer Refe- renzliste eine höhere Aufmerksamkeit und veröffentlichen Sie nie- mals mehr als den Namen und gegebenenfalls die Internetadresse, jedenfalls nicht ohne einer ausdrücklichen Zustimmung des Kunden.

Der Vorteil von Referenzen liegt auf der Hand, Sie können anzeigen, dass Sie bereits Kunden bedient haben und diese, so lässt sich vermuten, auch mit der Arbeit zufrieden waren. Gleichfalls eignen sich positive Meinungen Ihrer Besucher zum Einfügen in die Webseiten. Hauptsächlich informativ ausgerichteter Seiten wird sich nur die- se Variante bieten.

1.5 Tipps für themenbezogene Sites

Sollten Sie Ihre Internetseiten mehr einem speziellen Thema gewid- met haben, dann rückt auch das Informieren für Sie an erste Stelle. Die Interessenten besuchen Ihren Seiten, um mehr über das Thema zu erfahren. Bieten Sie Ihnen also auch einen hochkarätigen Inhalt.

1.5.1 Eine gute Recherche

Ein Beispiel, Sie sind Besitzer eines kleinen Schuhgeschäfts und wol- len daher nun alles wissenswerte über Schuhe im Internet veröffentli-chen. Es wäre ungenügend, einfach nur die Schuhe aufzuzählen, die es derzeit zu kaufen gibt. Für einen Online-Shop wäre dies eher aus- reichend, aber Sie wollen über das Thema schreiben. Sie würden ein- fach in der Mitte anfangen. Beginnen Sie dort, wo es auch mit den Schuhen angefangen hat, bei der Entstehung und der Geschichte. Sie müssen ja hier keinen Roman schreiben, aber den späteren Besucher würde es vielleicht auch interessieren, wie lange es Schuhe überhaupt schon gibt und von wem sie zuerst getragen wurden. Und ich bin mir sicher, das liegt weit vor unserer Zeit und Sie werden bemerkenswerte Zahlen und Fakten sammeln können. Desweiteren könnten Sie dann die ver-schiedenen Hersteller, die unterschiedlichen Formen, Merkmale, Grössen, Materialien und Farben der Schuhe näher be- schreiben. Und warum gibt es Unterschiede bei Damenschuhen und Herrenschuhen und nicht eine Einheits-form für Alle. Nutzen Sie vor allem Ihr Insiderwissen und recherchieren Sie in Bibliotheken oder Suchmaschinen im Internet. Denken Sie aber an das Sprichwort „Pro- bieren geht über Studieren"! Nutzen Sie also auch die Gele-genheit und testen Sie selbst einige Schuhe und berichten Sie über die Erfah-rungswerte Anderer. Sie könnten auch über die begehrten Schuhe der 60er und 70er, über die Schuhe und den damit verbunden Gewohn- heiten der Prominenten, z.B. im Showbusiness schreiben. Wo gibt es die kleinsten, grössten, billigsten und teuersten Paar Schuhe? Es gibt sogar Witziges, denken Sie an den bekanntesten Comedy-Entertainer der Schuhe Ed ONeill, alias „Al Bundy", der als Schuhverkäufer in „Eine schrecklich nette Familie" manchmal fast zu Grunde geht. Ab- schliessend, und das gehört auf Ihre Eingangsseite, präsentieren Sie Aktuelles, wie Trends, die neuesten Schuhe und die neuesten techni- schen Fortschritte. Aber vielleicht finden Sie sogar völlig untergegangene oder nie veröffentlichte Nachrichten über Skandale, Mono- polstellungen oder eine Schuh-Maffia. Was damit gemeint ist, Sie sind der Fachmann auf Ihrem Themengebiet und haben die Möglichkeit, das zusammenzutragen und preiszugeben, was Besucher bisher nicht wussten. Investieren Sie etwas mehr Zeit und Mühe und Sie werden Ihrem Erfolg auch näher kommen.

1.5.2 Existenz sichern

Sie haben im letzten Abschnitt erfahren können, was aus dem einfa- chen Thema „Schuhe" alles herauszuholen ist. Allerdings sollten Sie nach Ihrem Internetauftritt auch nicht dabei stehen bleiben, denn wie es so schön heisst „Die Konkurrenz schläft nicht!".

Eine sehr gute Möglichkeit, die zukunftsorientierten Weiter- entwicklungen und Trends mitzubekommen, ist der Beitritt in einen Verband. Verbände sind Interessenvertretungen, die mit einem Schwerpunktthema ihre Mitglieder informieren, einarbeiten und un- terstützen. Zumeist bieten Sie Ihnen kostenfreie oder günstige Schu- lungs- und Fortbildungsmöglichkeiten, Beratung und Hilfsmittel. In Arbeitskreisen können Sie aktiv an den Zielen des Verbandes mitwir- ken. Sie erweitern dabei nicht nur Ihr eigenes Wissen, sondern tauschen Erfahrungen mit Gleichgesinnten aus und helfen damit allen weiteren Mitgliedern des Verbandes bessere Lösungen zu schaffen. Vergessen Sie aber nicht, Ihre neuen Erkenntnisse auch für Ihr eige- nes Webprojekt umzusetzen. Dabei sollten Sie ruhig auf die Mitglied- schaft in einem Verband hinweisen. Das hat zum Vorteil, dass Besu- cher Ihrer Webseiten bemerken, dass Sie sich wirklich eingehend mit der Thematik beschäftigen und aktiv daran mitwirken.

Besuchen Sie auch Messen, Ausstellungen und Schulungen zu Ihrem Fachgebiet. Sie können dort viel lernen und manchmal noch entscheidender, wichtige Kontakte mit weiteren Teilnehmern, Besu- chern, Partnern oder der Presse knüpfen. Ein kleiner Stand auf einer Fachmesse hat schon so manchem Anbieter zum grossen Durchbruch verholfen. Nutzen Sie diese Chancen und sammeln Sie Wissen und Ideen für Ihr Geschäft.

1.6 Optische Gestaltung

Viele Homepage-Betreiber sehen in der optischen Aufmachung einer Webseite eine übergeordnete Rolle. In der Tat ist es auch so, dass Grafiken und Bilder dem Besucher als erstes ins Auge springen. Die Aufmachung ist die Verpackung. Genauso wie bei einem Präsent das Geschenkpapier. Aber auf den zweiten Blick zählt für Sie das Innere. Auch beim Geschenk spielt die Verpackung eine untergeordnete Rol- le. Sie soll nur den Reiz erhöhen aber spannend wird erst der Inhalt. Das soll nicht heissen, dass eine schöne Aufma-chung nicht interessant wäre, halten Sie sich aber keinesfalls länger damit auf als mit dem Inhalt. Eine schöne Verpackung wäre bei einem fehlenden oder fal- schen Präsent ja auch kein Erfolg. Es ist wichtig zu verstehen, dass eine schöne Gestaltung immer ansprechender für den Betrachter ist. Aber es gilt das richtige Maß zwischen Inhalt und Gestaltung zu finden. Beachten Sie immer, dass Bildobjekte (Images) eine längere Ladezeit gegenüber reinen Textinhalten benötigen.

Zunächst sollten Sie einmal die Überlegung anstellen, an welche Ziel-gruppe sich Ihre Homepage wendet und was Sie darin publi- zieren. Haben Sie vor, die sensationellsten Gerichtsurteile und Streit- fälle zu veröffentlichen, macht es weniger Sinn, sich auf eine grosse gestalterische Aufmachung zu fixieren. Der Leser würde Ihre Mühe vielleicht gar nicht würdigen. Er würde einen kurzen Blick darauf werfen und sich dann auf die Beiträge konzentrie-ren. Sind Sie Desi- gner und wollen verschiedene Grafikarbeiten zeigen, lässt es sich kaum vermeiden, etwas Stil in die Aufmachung zu bringen. Oder wol-len Sie etwas verkaufen oder anbieten, macht eine gute Aufmachung auch Sinn. Ein potenzieller Kunde wird Ihre Internetseiten schon mal genauer anse-hen, bevor er sich für Sie entschliesst. Sie können Ihre Überlegung im Prinzip mit den zwei folgenden Formeln abschliessen:

- o Je mehr Wettbewerb, desto wichtiger auch die Gestaltung.
- o Je exklusiver die Information, desto unwichtiger die Gestal-tung.

1.6.1 Grundgerüst

Liegt also der Aufmachung Ihrer Homepage eine grössere Bedeutung zu, ist es notwendig, ein einheitliches Design auszuwählen. Dafür gehen Sie so vor:

1. Sie erstellen ein Logo, passend zu Ihrem Angebot.   **2.**
Sie gestalten Ihre Struktur, also die verschiedenen Seitennamen, als Schaltfläche.   **3.** Sie wählen
einen farblich abgestimmten Hintergrund aus.

Bei der Erstellung Ihres Logos gilt es etwas kreativ zu sein. Versu- chen
Sie die Thematik Ihrer Webseiten auch in Ihr Logo zu übertra- gen. Viele
Besucher, die später schon einmal Ihre Internetseiten betreten haben, werden
sich anhand Ihres Logos daran erinnern und wieder zurückkehren. Deshalb
kann es entscheidend sein, Ihren Do- mainnamen und einen Slogan in das
Logo mit einzubringen. Achten Sie aber darauf, dass Ihr Logo nicht zu klein
und nicht zu gross wird. Ein zu kleines Logo wird nicht wahrgenommen und
verfehlt seinen Zweck beim Besucher. Ein zu grosses Logo braucht wiederum
eine Menge Ladezeit bis es überhaupt erscheint.

Als Schaltfläche bezeichnet man Ihre Seitenstruktur, die Sie in Form verschiedener kleiner Bildobjekte (Buttons) oder als ein Aus- wahlmenü auf Ihre
Homepage übertragen. Hat Ihre Homepage sehr viele Unterseiten, nutzen Sie
lieber Textlinks. Textlinks haben gegen- über verlinkten Bildobjekten zwei
sehr gravierende Vorteile. Sie sind im Quelltext schnell änderbar und benötigen wiederum erheblich we- niger Ladezeit. Als erfolgsorientierter Webmaster
werden Sie auch darauf achten, die Struktur, wie Sie bereits zu Beginn des
ersten Kapitels erwähnt wurde, deutlich und übersichtlich zu gliedern. So, dass
sich Besucher auch auf Ihrer Homepage zurecht finden.

Der Hintergrund einer Homepage ist eher unwichtig, solange er einfach
nur im Original belassen wird, also weiss. Die Verführung, die heutigen technischen Mittel einzusetzen und ein farbenfröhliches Bild in den Hintergrund zu
bringen, wirkt beim Besucher zumeist unprofessionell. Wenn Sie wirklich
einen Hintergrund verwenden, halten Sie sich an dezente und vor allem helle
Farben. Stellen Sie sich vor, Sie schlagen eine Zeitung auf und die Berichte
wären auf dun- kelbraunem Papier abgedruckt. Sie würden kaum ein Wort
lesen kön- nen oder es wäre mit grösster Anstrengung verbunden. Auch ein zu
greller Hintergrund oder rotierende Bilder (Bewegtbilder) sind ein schlechter
Ansatz. Das stört den Besucher schon beim Betreten der Seiten. Sie können es
sich schon denken, Bildobjekte im Hintergrund eignen sich ohnehin kaum
wegen der Ladezeiten. Erlaubt ist, was gefällt. Aber Sie belassen Ihren Hintergrund auch bei einem Hinter- grund und machen ihn nicht zum Vordergrund.
Bleiben Sie bei einer schlichten und hellen Farbe und der Besucher kann auch
den Inhalt Ihrer Seiten mühelos lesen.

1.6.1.1 Töne und Musik

Neben einem farblichen Hintergrund können Sie zusätzlich auch noch einen akustischen Hintergrund schaffen, indem Sie Töne oder Musik mit einbauen. Mit einem der heutigen Webeditoren sind es nur einige Klicks und Anweisungen, bis das eine oder andere Lied beim Besuch der Internetseiten mitläuft. Um dieses Thema hat es aber schon reich- lich Diskussionen gegeben. Gut oder nicht gut? Und die Frage stellt sich zurecht.

Eintöniges Gedudel und die Endlosschleife eines Liedes treiben den Besucher nicht nur in den Wahnsinn, sondern zwingen Ihn einfach, Ihre Seite zu verlassen. Selbst dann, wenn Sie eine ganze Reihe qualitativer Lieder aus den Charts abspielen, wissen Sie damit noch lange nicht, ob das auch den Geschmack Ihres Besuchers trifft. Die meisten Internetbenutzer haben ohnehin schon Radio, Fernsehen oder Musikanlage eingeschaltet und wollen keine weitere Akustik mehr. Dazu gilt es die Rechte der Musikindustrie zu wahren. Lieder, die Sie Zuhause auf CD besitzen und sich gekauft haben, dürfen nicht einfach in der Öffentlichkeit abgespielt werden. Und die Musikindustrie geht gegen diese Verbrechen knallhart vor, denn ihr entgehen durch den Musikaustausch im Internet schon jetzt Milliardenbeträge. Sollten Sie dies also in Erwägung ziehen, holen Sie sich zunächst einen juristischen Rat ein.

Haben Sie eigene Musikstücke oder Lieder, die Sie mit Ein- verständnis der Rechteinhaber veröffentlichen dürfen, sollten Sie dem Besucher immer die Wahl lassen, die Musik ein- und ausschalten zu können. Gleichwegs sollten Sie mehrere Richtungen, Gruppen und Titel zur Auswahl anbieten.

1.7 Der Motor Ihrer Homepage

Wenn Sie jetzt Ihre fertig gestalteten, strukturierten Internetseiten mit anschaubaren Inhalten und Angeboten betrachten, wollen Sie auch

Erfolg damit haben. Eine Voraussetzung dafür ist, dass Ihre Seiten im Internet überhaupt abrufbar sind. Sie brauchen also eine Interne- tadresse (Domain, URL) und Speicherplatz. Beides erhalten Sie am einfachsten bei einem Webprovider und inzwischen zu wirklich günstigen Preisen. So einfach die Lösung auch klingen mag, sie ist alles andere. Zur Erklärung möchte ich Ihnen kurz beschreiben, wie die Übertragung von Internetseiten funktioniert und wie Webprovider arbeiten.

Der Webmaster erhält eine persönliche Zugangskennung vom Webprovider und lädt seine Internetseiten als Dateien (Format u.a.: HTML) auf den Webserver. Ab dann sind die Dateien von Internet- benutzern mit einer weltweit einmaligen Internetadresse online abruf- bar.

Der Webprovider unterhält in seinen Geschäftsräumen oder einem speziell ausgerichteten Rechenzentrum die Webserver. Speicherplatz und Transfervolumen jedes einzelnen Servers werden unter- teilt und je Anteil an einen Kunden mit einer Zugangskennung weitergegeben.

Es ist heute kein Geheimnis mehr, dass Sie sich bei einem Webprovi- der den Server mit mehreren hundert oder tausend anderen Kunden teilen. Der Vorteil daran ist eben der verlockend günstige Preis. Der Nachteil aber der ständige Kampf und Ärger um die Erreichbarkeit Ihrer Internetseiten und den Hilfe (Support) bei Problemen. Und wenn Sie vorhaben, Ihre Internetseiten kräftig zu bewerben, werden Sie sich ständige Serverausfälle und mangelnden Kundenservice später nicht mehr leisten können. Maßgeschneiderte Extrawünsche und individuelle Beratung werden Sie bei den grossen und günstigsten Webprovidern lange suchen. Sie erhalten quasi eine Lösung für alle.

Einen Webprovider auszuwählen, der nicht ganz so günstig wie die Grossen ist, Ihnen dafür aber auch Einzellösungen, bessere Erreichbarkeit und etwas mehr Beratung und Unterstützung bietet, kann also wesentlich rentabler sein. Sie sollten nicht den Fehler ma- chen, zunächst einen günstigen Provider auszuwählen und wenn Er- folg einkehrt auf einen kundengerechteren Provider umzusteigen. Wenn Sie erst eine etwas bekanntere Website betreiben und völlig im Alltagsstress mit der Beantwortung von E-Mails und Betreuung von Kunden und Besuchern beschäftigt sind, können Sie sich einen sol- chen Umzug nicht leisten. Versuchen Sie also vorab die richtige Ent- scheidung betreffend Ihres Providers zu treffen.

1.8 Pressearbeit

Eine wichtige Tätigkeit, die Sie als Webmaster immer begleiten soll- te, ist die Pressearbeit. Mit der Pressearbeit informieren Sie Medien über Ereignisse Ihrer Arbeit, die für die Öffentlichkeit besonders re- levant sind. Daher kommt dem auch der Begriff „Öffentlichkeitsar- beit" gleich.

Aber warum ist Pressearbeit überhaupt notwendig? Nun, wir leben heute in einer Gesellschaft, die durch Medien informiert, repräsentiert und beeinflusst wird. Nur durch den Einsatz der Medien können Sie einen grösseren Personenkreis von Ihrer Arbeit überzeugen und damit erreichen, dass man Sie und Ihre Arbeit als einen wichtigen Teil der Gesellschaft ansieht und schätzt. Durch Pressearbeit zeigen Sie, dass Ihnen die Belange der Gesellschaft nicht unwichtig sind und setzen sich für die Interessen einer von Ihnen bestimmten Gemeinschaft ein. Die Erwähnung Ihrer Arbeit in den Medien fördert Ihr Image und zeigt ein aufgeschlossenes Verhalten Ihren Kunden gegenüber.

Der Umgang mit den Medien stellt bei der Öffentlichkeitsarbeit des- halb keine Werbung dar, aus diesem Grund werden hier nur die wich- tigsten Bezüge zum Thema erläutert. Es ist aber empfehlenswert, sich eingehender damit zu beschäftigen.

1.8.1 Vorbereitung

Eine gute Vorbereitung macht schon den halben Erfolg aus, wenn Sie in den Medien auch genannt werden wollen.

Unternehmen mit mehreren Mitarbeitern sollten zunächst klären, wer für die Pressearbeit zuständig sein wird. Diese Zuständigkeit sollte auch der übrigen Belegschaft bekannt sein. Es würde von schlechter Organisation anmuten, wenn sich ein Redakteur für Rück- fragen erst durch das halbe Haus vermitteln lassen muss, bis er den richtigen Ansprechpartner an das Telefon bekommt. Und das nur, weil kein Informationsfluss im eigenen Betrieb besteht. Wie soll dann ein Informationsfluss nach aussen hin funktionieren? Sorgen Sie also dafür, dass innerhalb regelmäßiger Mitarbeiterbesprechungen, Mitar- beiterzeitungen oder Betriebsversammlungen auch das Thema Pres- searbeit seinen Platz findet.

Zur Vorbereitung zählt ebenso das Zusammenstellen der wichtigsten Zahlen und Fakten des eigenen Unternehmens. Eine sol- che Zusammenstellung nennt man auch „Backgrounder". Einen Backgrounder sollten Sie auf maximal ein bis zwei Seitenlängen be- schränken und dabei sachlich die notwendigsten Hintergrundinforma- tionen des Unternehmens zusammentragen. Sie schreiben beispiels- weise kurz über die Gründer, das Gründungsdatum, den Firmenchef, den Firmensitz, Anzahl der Mitarbeiter und Auszubildenden, die Pro- dukte, die Dienstleistungen und eventuell nennenswerte Kooperatio- nen, Partner oder Lieferanten. Als Selbständiger oder Freiberufler werden Sie solche gewerblichen Informationen kaum schreiben kön- nen. Da bietet sich statt eines

„Backgrounders" eher eine „Berufsbio- graphie" (Vita) an. Eine Berufsbiographie ist prinzipiell mit einem Lebenslauf vergleichbar, wie Sie ihn sicherlich noch aus der Schule oder frühestens Ihrer Bewerbung kennen. Die Namen der Eltern, die Anzahl der Geschwister und Ihre Hobbys lassen Sie allerdings weg und konzentrieren sich dabei mehr auf Ihren bisherigen beruflichen Lebensweg.

Insbesondere beim ersten Kontakt werden Sie häufig von Re- dakteuren nach einigen Hintergrundinformationen des Unternehmens abgefragt. Da kann es von grossem Vorteil sein, wenn Sie direkt ei- nen „Backgrounder" bzw. eine „Berufsbiographie" zur Hand haben und mit verschicken oder abgeben können.

Zeitungen, Zeitschriften und Magazine, also eigentlich alle Printmedien, könnten neben einigem Hintergrundwissen auch an Bil- dern des Unternehmens bzw. Ihrer Person interessiert sein. Ein Zei- tungsartikel kann durch ein zusätzliches Bild wesentlich an Aufmerk- samkeit bei den Lesern gewinnen. Und das kann nur in Ihrem Interes- se liegen. Der Zweck Ihrer Bemühungen liegt ja schliesslich darin, dass man über das Unternehmen bzw. Ihre Person etwas mehr erfährt. Sie sollten sich also schon frühzeitig um einige Pressebil- der kümmern. Das tun Sie am Einfachsten, in dem Sie mit einem örtlichen Fotostudio zusammenarbeiten. Unternehmen könnten Fotos des Firmenchefs und des Firmengebäudes erstellen lassen, Selbständige und Freiberufler blei- ben bei Portraits. Sprechen Sie mit dem Fotografen auch über die Veröffentli- chungsrechte der Bilder. Wenn Sie die Rechte der neu erstellten Fotos nicht vollständig erwerben können, werden Sie sonst ein Abdruckhonorar zahlen müssen.

1.8.2 Pressemitteilung erstellen

Der Grund, warum Sie sich innerhalb der Pressearbeit an die Medien wenden, ist eine Nachricht Ihres Unternehmens, die von öffentlichem Interesse ist. Diese Nachricht schreiben Sie in einer „Pressemittei- lung" nieder. Bevor Sie nun aber eine Pressemitteilung erstellen, soll- ten Sie sich im Klaren sein, welche Informationen auch wirklich neu sind und welche Informationen über- haupt für die Öffentlichkeit be- stimmt sind. Sie benötigen ein Thema, also einen aktuellen Aufhän- ger! Erkundigen Sie sich notfalls im Unternehmen, ob es neue Pro- duktentwicklungen, Angebote, Events, Veranstaltungen, Aktionen oder andere medienwirksame Ereignisse gibt oder geben wird. Alles Neue kann von öffentlichem Interesse sein. Wenn sich ein passendes Thema ergeben hat, recherchieren Sie die Details dazu. Wenn Sie nicht Ihr eigener Chef sind, erfragen Sie eventuell Einzelheiten bei zuständigen Abteilungsleitern, z. B. wenn es um ein neues Produkt geht, reden Sie mit dem Leiter der Produktentwicklung. Planen Sie darüber hinaus für die entgültige Entscheidung immer den Firmenchef mit ein, der schon wegen den darauf folgenden Presseanfragen immer in Kenntnis sein sollte.

Mit einem guten Thema und der letzten Absegnung durch den Firmenchef schreiben Sie nun Ihre Pressemitteilung. Dabei verhalten Sie sich ebenso sachlich wie bei der Erstellung Ihres Backgrounders. Vermeiden Sie möglichst persönliche Meinungen und vor allem Wit- ze oder Zugehörigkeit von Partei und Kirche. Beginnen Sie zunächst mit einer aussagekräftigen Überschrift! Bedenken Sie, dass manche Redakteure täglich mehrere hundert Mitteilungen und Meldungen erhalten und demnach innerhalb weniger Sekunden bestimmen müs- sen, ob sie zu Ihrer Pressemitteilung berichten. Umso bedeutender ist es, das Wichtige in der Pressemitteilung zuerst zu schreiben. Alles Allgemeine kommt zum Schluss.

Wenn Sie Ihre Pressemitteilung nicht per E-Mail oder Fax versenden, können Sie für den Postweg auch einen speziellen „Pressebogen" verwenden. In jedem Fall beschriften Sie aber nur den linken Teil der Seite, etwa mit 40 bis 50 Zeichen und mit einem Abstand von 1,5 Zeilen. So kann der Redakteur den rechten Teil der Seite und die Zeilenabstände für eigene handschriftliche Vermerke und Ergän- zungen verwenden. Beschränken Sie sich auch bei Ihrer Pressemittei- lung auf ein bis zwei Seiten.

An das Ende Ihrer Pressemitteilung gehört immer der Firmenname, die Ansprechperson mit Vor- und Zunamen, die Adresse sowie eine ausführliche Angabe von Kontaktmöglichkeiten, wie Telefon, Telefax, E-Mail und eventuell auch Handynummer.

Musterbeispiel „Pressemitteilung"

Der Verlag Media Event Solution GmbH launcht das neue Presse-Portal "mkk-newspress"

Hanau, 24.06.2014 --- Der Verlag Media Event Solution GmbH startet das neue Presseportal, das im Dienste seiner Kunden - dazu zählen Unterneh-

men, Behörden, Vereine, Selbständige, Freiberufliche und Künstler und aus dem Main Kinzig-Krei - Pres- semeldungen für Medien und Redaktionsverantwortliche veröffent- licht:

Mkk-Newspress.de - Meldungen für die Presse.

Mkk-Newspress.de dient in erster Linie den Redaktionen, Journalisten, Medien- und Presseverantwortlichen als elektronische Quelle für tagesaktuellen Inhalt aus dem Hauptressort –Wirtschaft-. Darüber hinaus sind weiterhin Meldungen aus den Rubriken –Finanzen-, -Politik-, -Kultur-, -Sport- und –Behörden- zu finden. Bei der Konzeption und Umsetzung des Portals hat der Verlag Media Event Solution GmbH besonderes Augenmerk darauf gelegt, dass Presse- und Medienvertreter von der täglichen Informationsflut, die über die Emailpostfächer eintrifft, entlastet werden. Die von Unternehmen und anderen Autoren erfassten Pressemeldungen werden daher nicht wie bisher üblich noch zusätzlich über Email oder Telefax als Einzelmeldungen versendet. -Wir möchten den Redaktionsverantwortlichen die Freiheit geben, direkt Online aus unserem Pool tagesaktueller Meldungen herauszusuchen, was für die Publikation von Interesse ist.-, erklärt Jan Küppers, Geschäftsführer des Verlag Media Event Solution GmbH.

aber auch für Autoren der Pressemeldungen stellt Newspress.de ein weitreichendes Angebot zur Verfügung, das in seiner Funktionalität ständig weiterentwickelt wird. Autoren können ihre Unternehmens- meldungen direkt Online erfassen und herausgeben, ohne dass wei- tere Wartezeiten bis zur Veröffentlichung in Kauf genommen werden müssen. Dafür bietet Mkk-Newspress.de eine übersichtliche Eingabe- maske und einheitliche Formalia. Zu diesem Basis-Service gehört auch, dass die Medien regelmässig von mkk-Newspress.de gesammelt über die Titel neuer Meldungen informiert werden. Nebenbei können Autoren auch die zahlreichen Extraleistungen in Anspruch nehmen, wie beispielsweise Herunterladen lizenzfreier Fotos für die Website, Dokumentvordrucke, wissenswerte Lektüre oder exklusive Nachrichten. Der Service nebst Extraleistungen kostet die angemeldeten Autoren 49.- Euro im Monat. Inbegriffen ist die Möglichkeit zur täglichen Herausgabe einer Pressemeldung.

Weitere Informationen finden Sie im Internet unter: www.mkk-newspress.de

1.8.3 Erster Kontakt

Das höchste Interesse an einer Berichterstattung zu Ihrer Arbeit dürfte seitens der Lokalpresse bestehen. Sie sollten es daher nicht versäu- men, sich persönlich bei den örtlichen Publikationen vorzustellen. Nehmen Sie sich die Zeit und besprechen Sie mit dem Redakteur Ihr Thema. Es wird sich schnell herausstellen, ob Ihre Meldung das In- teresse des Redakteurs weckt. Hinterlassen Sie Ihr zusammengestell- tes Pressematerial und tauschen Sie bei dieser Gelegenheit gleich Visitenkarten aus. So findet die Redaktion sofort einen Ansprechpart- ner bei Rückfragen zu einer möglichen Berichterstattung und auch

Sie haben für zukünftige Pressemitteilungen immer einen direkten Draht zum Verlag.

Bei Sendeanstalten, Fachzeitschriften und Verlagen, die nicht direkt in Ihrem Ort liegen, aber durchaus für Ihr Thema interessant sind, sollten Sie zunächst den telefonischen Kontakt suchen. Sie kön- nen auch dann bereits Ihre Person, das Unternehmen und den Grund Ihrer Pressemitteilung vorstellen und so abklopfen, ob die Redaktion Interesse bekundet. Sie bieten Ihr Pressematerial dann je nach Wunsch digital oder postwendend an. Und vergessen Sie auch hier nicht, sich die Namen und Durchwahlen (Telefon und Fax) genau aufzuschreiben.

Tip!

Notieren und pflegen Sie alle Ihre Pressekontakte in einer Datenbank oder Kartei. Nehmen Sie Änderungen sofort vor, wenn Sie Ihnen bekannt sind und nutzen Sie die Kontakte wenigstens für eine vierteljährliche Aussendung einer Pressemitteilung (Presseverteiler).

1.8.4 „Clipping" und Nachfassen

So wichtig wie zunächst das Aussenden der Pressemitteilung an die Redaktionen ist auch das nachträgliche Aufsuchen der Beiträge, die Nachrichten über Sie oder Ihr Unternehmen beinhalten. Man nennt das auch „Clipping" oder „Presse-Monitoring". Was aber in der Theorie so einfach klingen mag, gestaltet sich in der Praxis doch relativ schwierig. Versenden Sie Ihre Pressemitteilung nur an den lokal ansässigen Verlag, genügt es wohl, einfach täglich die Zeitung zu lesen. Versenden Sie Ihre Pressemitteilung aber erst einmal an mehrere hundert Redaktionen, würden Sie Ihren Alltag mit dem Durchblättern der Publikationen verbringen. Und das kann und will sich kaum ein Unternehmer leisten. Sie können dem zwar ein wenig vorbeugen, indem Sie auf Ihrer Pressemitteilung um ein Beleg bitten, das wird sich aber auch nur in den seltensten Fällen als erfolgreich erweisen. Presse-Monitoring-Dienste haben sich dahingegen auf diese Marktlücke spezialisiert und bieten Ihnen eine günstigere und vor allem schnellere Lösung dafür.

Anhand der geclippten Beiträge können Sie einerseits sehen, wie Ihr Thema von den Redaktionen aufgenommen und wiedergegeben und wie über Sie bzw. das Unternehmen berichtet wurde. Bereits die Ge- genüberstellung der Anzahl Ihrer versendeten Pressemitteilungen und die Anzahl der zu dieser Mitteilung erschienenen Berichterstattungen ergibt einen guten Aufschluss über den Erfolgsfaktor Ihrer bisherigen Pressearbeit. Beim Durchlesen der jeweiligen Berichte erhalten Sie zudem ein gutes Gespür dafür, welche Informationen tatsächlich wie- dergegeben wurden und für die Redaktionen wirklich von Interesse waren.

Zuletzt können Sie bei Redaktionen, die keine oder eine schlechte Berichterstattung abgegeben haben, nachfassen. Ersparen Sie dem Redaktionsmitarbeiter aber nerviges Gedrängel, wann end- lich über Sie ein Artikel erscheint. Sie sollten auch keineswegs einen Redakteur mit der Schaltung einer Werbeanzeige oder ähnlichem erpressen. Dann werden Sie lange auf einen Artikel zu Ihrem Unter- nehmen warten. Erhalten Sie in einer Veröffentlichung eine negative Kritik, sollten Sie nicht mit dem Redakteur streiten, der den Artikel verfasst hat. Nehmen Sie die Kritik ernst, versuchen Sie die Darstellung aus seinem Standpunkt zu sehen und veranlassen Sie gegebenen falls Verbesserung. Ein Redakteur wird es gerne sehen, wenn ein Un- ternehmen seine Kritik ernst genommen hat und daraufhin gehandelt hat. Das zählt heute zu einem vorbildlichen Qualitätsmanagement! Durchaus können Sie aber mit dem Redakteur in Kontakt bleiben und Unklarheiten, wenn welche bestehen, aus der Welt schaffen. Sie wer- den feststellen, dass sich im Laufe der Zeit eine gute und faire Part- nerschaft zwischen Ihnen und dem Redakteur entwickeln kann.

Herkömmliche Werbeformen

Als Homepage-Betreiber wollen Sie Ihre Website nun bekannt ma- chen. Dafür gibt es eine ganze Reihe von Werbeformen im Internet und es kommen jedes Jahr wieder neue dazu. Aber im Laufe der Jahre haben sich einige Werbeformen herausgebildet, die trotz des rasanten Fortschritts bestehen blieben und sich ständig weiterentwickelten. Das liegt nicht zu letzt daran, dass es - wie auch im Leben ausserhalb des Internets - einige leicht verständliche Wegweiser geben muss, die den Menschen zeigen, wo sie was finden und bekommen können. Auch die leichte Handhabung und überschaubare Kostenfunktion haben zur langjährigen Durchsetzung beigetragen. Wir nennen diese Werbearten daher „herkömmliche Werbeformen".

Die herkömmlichen Werbeformen machen auch heute noch den überwiegenden Teil des Besucherverkehrs der kleinen bis mittel- grossen Internetseiten aus und stellen daher einen existenziellen Bau- stein in der Online-Werbung dar. Oft verkennen Homepage-Betreiber die Bedeutung dieser Werbemöglichkeiten und müssen nach Monaten verärgert feststellen, dass kaum Besucher auf ihrer Homepage waren. Umso wichtiger ist es, schon zu Beginn einer Webpräsenz auf die Kriterien dieser Werbeformate einzugehen und dabei ständig weiter zu optimieren.

1.9 Der eigene Newsletter

Schon der erste Gang durch das weltweite Internet wird Ihnen zeigen, dass Sie mit Ihrer Homepage nicht alleine sind. Es wird hunderte Mitbewerber geben, die eine vergleichbare Webpräsenz aufgebaut und bereitgestellt haben.

Auch wenn Ihr Angebot zunächst einmalig und absolut sonderbar ist, wird die Konkurrenz nicht lange schlafen und es wird findige Unternehmer geben, die sich Ihre Idee zu nutze machen wollen und Ihr Angebot kopieren. Allerdings mit einem Unterschied, denn Ihre Konkurrenz wird versuchen, noch besser zu sein, als Sie es sind. Das war bisher so und das wird auch weiterhin so sein.

Ein Weg diesen natürlichen Vorgang zumindest teilweise zu unterbrechen ist die Kundenbindung. Nur wenn Sie von Beginn an, Ihre Besucher fesseln und damit zeigen, dass Sie zuerst da waren, behalten Sie Ihre Chance zum Überleben. Hierfür eignet sich in optimaler Weise der Newsletter.

1.9.1 Kostenlose Kundenzeitung !

Aber was ist ein Newsletter? Einen Newsletter - oder auch -Mailing- liste-genannt - könnten Sie vermutlich am einfachsten mit einer Zei- tung verglei-chen, die Sie aber per E-Mail erhalten.

Aus Sicht des Lesers erhalten Sie mit Ihrem Abonnement regelmäßig kostenlose Informationen per E-Mail, die in Bezug zur angebotenen Homepage stehen. Das können etwa Nachrichten zum Thema oder zu Produkten sein, die Bekanntgabe neuer Seiteninhalte, die Beantwortung häufig gestellter Fragen und vieles mehr.

Aus Sicht des Herausgebers gesehen, haben Sie die Möglichkeit über Neuigkeiten und Hintergrundinformationen via E-Mail zu berichten. Sie haben vor allem ein Mittel gefunden, mit dem Sie näher auf Details eingehen und fortlaufend über die Thematik und besonderen Ereignisse schreiben können.

Im Gegensatz zu einer Zeitung haben Sie aber gewichtige Vorteile mit einem Newsletter. Da Sie Ihren Newsletter elektronisch versenden, sparen Sie Kosten für Papier, Druck und schliesslich auch Versand. Auch der Zeitvorteil ist nicht ausser Acht zu lassen. Während Ihre Tages- oder Wochenzeitung aus dem Briefkasten einen Weg von mehreren Stunden - von der Herstellung bis zur Auslieferung - durchläuft, starten Sie mit nur ein oder zwei Klicks den virtuellen Versand Ihres Newsletters an mehrere hundert oder tausend Empfänger. Schon nach wenigen Minuten ist die Auslieferung Ihres Newsletters dann abgeschlossen.

1.9.2 Das Format

Wie erfolgreich Ihr Newsletter sein wird, hängt ganz erheblich von Ihrer vorausgehenden Planung ab. Der offensichtliche Grund Ihres Newsletters ist, den Internetbenutzer ständig über Ihre Homepage und die damit verbundenen Geschehnisse zu informieren. Ihr Hinter- grundgedanke als Herausgeber kann aber ein völlig anderer sein. Vielleicht wollen Sie - wie die meisten Herausgeber - einfach nur

den Namen Ihrer Homepage beim Leser wieder ins Gedächtnis rufen und dazu animieren, die Internetseiten wieder einmal zu besuchen. Vielleicht wollen Sie aber auch etwas verkaufen oder bewerben? Oder sind alle Ihre Leser schon Kunden und Sie wollen nur über Ver- änderungen und neu hinzugekommene Leistungen berichten? Oder Beides? Dann könnten Sie als Anbieter einer Ware oder Dienstlei- stung auch zwei verschiedene Newsletter (Mailinglisten) publizieren. Einen nur für Interessenten und einen nur für bereits bestehende Kun- den. Überlegen Sie genau, an welche Zielgruppe innerhalb Ihrer Ho- mepage Sie den Newsletter richten wollen, denn danach werden Sie auch den weiteren Aufbau Ihres Newsletters gestalten müssen!

Für einen erfolgreichen Newsletter spricht auch der Rhythmus, in dem Sie ihn erscheinen lassen. Sie werden einen aufmerksamen Leserkreis finden, wenn Sie den Newsletter immer in einem fe- sten Zeitabstand versenden, also beispielsweise wöchentlich, 2- wöchentlich oder monatlich. Dabei sollten Sie die Aussendung sogar auf eine feste Tageszeit beschränken. Der Leser prägt sich bei einem regelmässigen Erhalt des Newsletters sehr schnell ein, wann er ihn bekommt und setzt damit - zu Ihren Gunsten - schon eine feste Erwartungshaltung voraus.

Den Zeitabstand Ihrer Newsletter sollten Sie danach bemessen, wie oft Sie Zeit und Inhalt für eine Aussendung finden. Es bringt Ihnen relativ wenig, wenn Sie zwar jede Woche reichlich Informationen zusammenbringen könnten, aber Ihnen einfach die notwendige Zeit jede Woche fehlt um die Aussendung pünktlich durchzuführen. Andersherum sollten Sie auch keine wöchentliche Aussendung vornehmen, wenn Ihnen die dafür notwendigen Neuigkeiten einfach feh- len. Bevor Sie also einen Rhythmus vorsehen und ankündigen, sollte Ihnen bewusst sein, dass Sie diesen auch einhalten können.

1.9.3 Text oder HTML ?

Eine Frage, die sich vielen Herausgebern häufig stellt, ist: Veröffentlichung im Text- oder HTML-Format?

Einen Newsletter im HTML-Format können Sie - wie auch Ihre In- ternetseiten - mit schönen Grafiken, Bildern und einer sehr übersicht- lichen Benutzerstruktur gestalten. Der HTML-Newsletter gleicht schliesslich dem Aussehen einer Internetseite. Es sprechen jedoch mindestens genauso viele Nachteile gegen dieses Format in einem Newsletter. Im Gegensatz zu einem Internetbrowser, mit dem Sie sich die Internetseiten anzeigen lassen, können nicht alle E-Mail- Programme das HTML-Format lesen und damit richtig anzeigen. Weitere Nachteile beim Aufruf eines HTML-Newsletters sind Lade- zeiten für Bildobjekte und das Risiko, dass die optische Gestaltung je nach E-Mail-Programm vom ursprünglich gedachten Original abwei- chen und die restliche Darstellung völlig verzerren kann. Dazu kom- men erhöhter Datentransfer (Traffic) und die Tatsache, dass viele HTML-Newsletter nur lesbar sind, wenn der Benutzer mit dem Inter- net verbunden ist.

Im Textformat (Ascii-Zeichensatz) können Sie Ihren Newsletter zwar optisch nicht so ansprechend gestalten, dafür bleiben Ihnen die meisten der vorgenannten Nachteile damit erspart. Eine übersichtliche Darstellung im reinen Textformat ist immer noch sehr gut möglich.

1.9.4 Qualifikation vorausgesetzt

Viel wichtiger als die optische Gestaltung ist für den Leser der Inhalt (Content) Ihres Newsletters. Schon aus diesem Grund sollten Sie das Schreiben der Inhalte immer einer qualifizierten Person überlassen. Sind Sie alleine Betreiber der Internetseiten, werden Sie auch selbst den Newsletter schreiben. In einem Unternehmen mit mehreren An- gestellten sollte das aber der Chef oder eine von ihm bestimmte Per- son übernehmen. Beauftragen Sie keinen Praktikant oder Lehrling mit der Aufgabe! Und als Verfasser vermeiden Sie möglichst Recht- schreibfehler, die für einen Leser nur zu unprofessionell wirken. Ge- legentlich ein „Schönheitsfehler" wird Ihnen der Leser immer verzei- hen, neigen Sie aber zu häufigen Schreibfehlern, sollten Sie den Text entweder von einer fremden Person - noch vor Verbreitung! - durch- lesen und korrigieren lassen oder den Text einer automatischen Rechtschreibprüfung unterziehen. Fast jedes der bekannten Schreib- programme unterstützt heute eine Rechtschreibprüfung. Nutzen Sie also die Funktion!

1.9.5 Newsletter-Aufbau

Beim Erstellen des Newsletters sollten Sie sich wieder an einer be- währten und erprobten Struktur orientieren. Zu Beginn Ihres Newslet- ters kommt eine aussagekräftige Überschrift, die später in der Kopf- zeile (Subject) jeder ausgelieferten E-Mail ersichtlich ist. Diese Über- schrift sollte den Namen Ihrer Homepage und den Begriff „Newslet- ter" erkennen lassen. So sieht der Empfänger später, dass es sich um einen Newsletter Ihrer Homepage handelt und nicht um unerwünschte Werbebotschaften. Datum und Auflage können ebenfalls in der Über- schrift untergebracht werden. Darauf folgt ein Absatz mit der Begrü- ssung, etwa „Herzlich Willkommen beim Newsletter..." und ein Haf- tungsausschluss, wie Sie ihn bereits von Ihrer Website her kennen. Aller- dings reicht hier schon der folgende Satz aus:

„Die Redaktion übernimmt keine Verantwortung oder Haftung für die in diesem Newsletter befindlichen Links bzw. Inhalte dieser Seiten und sonstige Kontakte."

Im Anschluss darauf sollten Sie dem Leser eine durchnummerierte In- haltsübersicht anbieten. Das erfüllt den Zweck, dass der Leser nicht nur einen Überblick über die enthaltenen Beiträge des Newsletters bekommt, sondern auch gezielt die für ihn interessanten Artikel sofort findet und lesen kann.

Eigentlich eine nützliche Funktion, die Sie in jedem Buch und in jeder Zeitschrift finden. Dennoch wird Sie gerne von Herausgebern eines Newsletters weggelassen. Seien Sie Ihren Konkurrenten also ein Stück voraus und verwenden Sie diese Funktion, sie ist vom Leser mehr als erwünscht!

Nach dem Inhaltsverzeichnis finden sich ebenfalls durch- nummeriert die dazu passenden Beiträge mit der jeweils angehörigen Überschrift wieder. Diese Beiträge stellen den Hauptteil des Newsletters dar. Der Umfang Ihrer Beiträge und somit auch der Umfang Ihres gesamten Newsletters hängt in weitem Maße vom Thema und der Zielgruppe Ihrer Homepage und der damit verbundenen Erwartungshaltung Ihrer Leser ab. Vergleichbar ist diese Gegebenheit auch mit einer Zeitung. Es gibt beispielsweise Zeitungen, die Ihre Inhalte speziell auf eine besser verdienende und gelehrte Zielgruppe definiert haben. Hier erwartet der Leser aufgrund seines Wohlstandes und seiner ausgiebigen Zeitverfügung nicht nur den kurzen Anriss eines Themas, sondern einen ausführlich und wohlgenährten Artikel mit allen Einzelheiten und Details. Andere Zeitungen sprechen dagegen eine vielbeschäftigte und vielleicht auch nicht so ernsthaft belesene Zielgruppe an, der es ausreicht, sich an einer grossen Überschrift und einer spektakulären Aufmachung eines Beitrags zu erfreuen. Jeder von uns sollte ein Beispiel für eine dieser völlig gegensätzlichen Zeitungen kennen. Durchgesetzt haben sich beide Zeitungsbeispiele und das sogar mit weltweitem Erfolg. Das belegen Mediadaten, lange Existenz, Verbreitungsgebiet und die Bekanntheit. Natürlich gibt es dann genauso Zeitungen, die sich in einem Mittelmass bewegen. Überlegen Sie nun, in welche Rubrik Sie Ihren Newsletter packen würden und gestalten Sie dementsprechend die Länge und Lesequalität Ihrer Beiträge.

Von grosser Bedeutung ist aber in jedem Fall eine sorgfältige und genaue Recherche. Ob es nun um einen Beitrag zu den Produkten des eigenen Unternehmens geht oder um einen frei geschriebenen Themenbeitrag, Sie sollten schon genaue Nachforschungen und Er- kundigungen anstellen, bevor Sie willkürlich einfach etwas zusam- menschreiben. Falschmeldungen, erfundene, gestohlene oder fingierte Nachrichten und Unwissenheit quittiert der Leser mit äusserst negati- ver Kritik und Sie wären in Kürze Ihren guten Ruf los. Sie bekämen wahrscheinlich juristische Folgen angedroht und auch die Anzahl der eingetragenen Newsletter-Abonnenten würde in wenigen Tagen in den Keller fallen. Nehmen Sie sich schon ihrem Leser zuliebe etwas mehr Zeit für das Erstellen der Beiträge. Lesen Sie am Ende noch einmal in aller Ruhe Ihre verfassten Texte durch. Vielleicht gestalten Sie den einen oder anderen Satz noch etwas um und verbessern damit die Verständlichkeit der Bedeutung.

Gerade beim nachträglichen Ü- berlesen eines selbst verfassten Textes fallen einem oft noch absolut wichtige Ergänzungen ein, die mit einzubringen sind. Auch Recht- schreibfehler können dann schon eher entdeckt und behoben werden.

Mit einem Impressum und einer Funktion zur Austragung schliessen Sie den Newsletter ab. Das Impressum sollte so ausführlich dargestellt werden, wie Sie es auch bei Ihren Internetseiten bereits getan haben. Es sollte also Ansprechpartner (der Redakteur), eventuell Firmenname und die vollständige Adresse mit Strasse, Postleitzahl und Ort beinhalten. Auch Telefon- und Tele- faxnummer kann enthalten sein und spricht sogar für einen besonders aufge- schlossenen Service. Daraufhin folgt eine Abmeldefunktion. Das kann eine E- Mail- Adresse sein, an die der Leser zur Austragung aus der Mailingliste schreiben soll oder ein Linkverweis, der eine automatische Austragung vor- nimmt. Der Gedanke einiger Herausgeber, eine Abmeldefunktion erst gar nicht anzubieten oder eine Abmeldung besonders schwer zu gestalten und sich damit zu erhoffen, dass Eingetragene gezwungenermaßen ewig dabei bleiben, wirkt auf den einzelnen Leser höchst unseriös. Der Leser wird dann ohnehin in einer mehr oder weniger angenehmen E-Mail seinen Wunsch auf Austragung äus- sern. Und wenn ein Newsletter erst einmal höhere Empfängerzahlen er- reicht hat, können Sie nach dem Versand schon einige Zeit damit ver-

bringen, solche E-Mails zu bearbeiten und zu beantworten. Sie bieten eine transparentere Arbeit an und tun sich und dem Abonnenten einen Gefallen, wenn Sie von vornherein eine Abmeldefunktion mit in den Newsletter einbrin- gen.

1.9.6 Content bearbeiten und finden

Haben Sie erst einmal einige Newsletter geschrieben, werden Sie feststel- len, wie schnell Ihnen der „Stoff" für spannende und interes- sante Beiträge ausgeht. Die Rede ist von Material (Content) und Themen für die Erstellung Ihrer einzelnen Artikel im Newsletter. Ob Sie nun eine Mailingliste für eine themenbezogene Website oder ein- fach einen Kunden-Newsletter publizieren, Sie werden immer wert- volle Informationen weitergeben wollen und für einen richtigen Er- folg des Newsletters sogar müssen.

Ein beständiges Unternehmen kann da schon mit der Auswahl einiger Mitarbeiter eine kleine Redaktion für den Newsletter bilden. So können die Mitarbeiter jeweils einen Artikel oder einen Bereich ausarbeiten und niederschreiben. Mit dieser Aufgliederung ist auch der Mehraufwand auf die einzelnen Mitarbeiter verteilt und nicht mehr ganz so enorm spürbar. Allerdings ist es dann ratenswert einen Chefredakteur auszuwählen, der die Gesamtverantwortung über- nimmt und damit auch die einzelnen Artikel prüft und korrigiert. Der Chefredakteur kann direkt aus einer Führungsposition stammen, sollte aber zumindest von der Geschäftsleitung bestimmt werden und in einem engen Kontakt zu ihr stehen. Damit vermeidet man das Über- gehen der Entscheidungsträger, die im wesentlichen Kenntnis darüber haben sollten, welche Informationen an die Öffentlichkeit gegeben werden.

Der eine oder andere Herausgeber eines Newsletters wird es sich finanziell leisten können, ein fremdes Redaktionsbüro mit der Recherche und Verfassung der Beiträge zu beauftragen. Die Bezah- lung erfolgt dann je nach Honorar-Vertrag und die Kommunikation kann unkompliziert per E-Mail stattfinden. Empfehlenswert ist diese

Auslagerung der Redaktion allerdings nicht. Mal von den enormen Kosten abgesehen, kann ein Aussenstehender niemals die Themen, die Arbeitsabläufe, die Geschichte und die Neuigkeiten so genau ken- nen, wie die Betreiber der eigentlichen Internetseiten selbst.

Am schwierigsten ist hingegen die Arbeit für einen Einzelun- ternehmer, der die Homepage und damit auch den Newsletter von der technischen bis zur redaktionellen Aufgabe völlig eigenständig be- treut. Schnell ist man so einige Stunden mit einem vollkommenen Newsletter eingespannt. Man muß manchmal schon zum Multitalent werden, wenn die anstehende Arbeit zügig bewältigt werden soll. Umso wichtiger sind dann eine gute Vorbereitung, die richtigen The- men und Informationsquellen.

Die Frage, die sich jeder Newsletter-Autor schon einmal gestellt hat oder stellen wird, ist: Worüber schreibe ich heute? Das hängt in erster Linie natürlich immer davon ab, welche Art von Homepage Sie besitzen. Betreiben Sie einen Online-Shop, bietet es sich geradezu an, neu aufgenommene Produkte etwas näher zu beschreiben, die Verkaufsschlager aufzulisten und einige Waren selbst zu testen und über die Erfahrung damit zu berichten. Darüber hinaus gehören Ver- besserungen und wichtige Ereignisse vom Shop mit dazu. Haben sich die Lieferzeiten verkürzt oder die Bestellmodalitäten erweitert, sind das wichtige Nachrichten, die Sie Ihren Lesern und potenziellen Kun- den nicht vorenthalten sollten. Weiterhin, und das gilt vor allem für die Betreiber themenbezogener Webseiten, sind immer spannende Beiträge gefragt. Aber wann wird ein Beitrag überhaupt spannend? Kurz beantwortet, wenn er Neues enthält! Dazu ist es nicht notwendig, die Top-Nachrichten der bundesweiten Medien zu kopieren und dem Leser noch einmal vorzusetzen. Diese Vorgehensweise, auch mit dem Verweis auf die Quellen, ist rechtlich immer wieder sehr umstritten und sollte auch nicht die Absicht Ihres Newsletters werden.

Anders sieht es aber aus, wenn Sie beispielsweise eine Home- page zum Thema „Beruf & Karriere" mit Tipps und Ratschlägen für Stellensuchende online gestellt haben. Dann kann es schon Sinn ma- chen, auf die gerade überall bekannt gewordenen Arbeitslosenzahlen näher einzugehen und daraus das Top-Thema Ihres Mailings zu ma- chen. Nur die Benennung der aktuellen Zahlen reicht dafür aber noch

nicht. Lassen Sie als Insider dieses Themas Ihre Beziehungen spielen und nehmen Sie Kontakt zu Partnern und Kollegen auf. Tauschen Sie Ihr Wissen und Ihre Meinungen aus und zitieren Sie im Beitrag, was Ihre Geschäftspartner von der aktuellen Entwicklung halten. Sie könnten auch die Leser um die Zusendung einer Meinung bitten. Be- kommen Sie schon Pressemitteilungen von anderen Firmen? Sehr gut! Der Absender einer Pressemitteilung erhofft sich mit seinen Un- ternehmensinformationen eine Erwähnung in den Medien. Auch Ihr Newsletter ist ein Medium. Natürlich muss die Pressemitteilung und das Unternehmen für Ihre Verwendung auch etwas mit dem Thema zu tun haben. In unserem vorgenannten Fall wäre Ihnen die Presse- mitteilung einer Jobvermittlung zum Beispiel sehr hilfreich. Liegt Ihnen hier eine solche vor, stellen Sie sich einen kurzen Bogen mit Fragen zusammen, die Sie und den Leser interessieren würden. Neh- men Sie dann Kontakt zum Ansprechpartner auf und sehen Sie Ihn als einen qualifizierten Kenner der Materie an. Sind die Arbeitslosenzah- len gestiegen, könnten Sie erfragen, welche Zukunft er in der Job- vermittlung sieht, welche Vorschläge er an die Bundesregierung hät- te, was würde er als Bundesarbeitsminister anders machen und wie kam es seiner Meinung nach zu dem Anstieg der Arbeitslosen. Fragen, auf die Sie schon sehr fachkundige Antworten erhalten werden. Schliesslich können Sie mit Ihrem eigenen Wissen und den gesammelten Erkundigungen einen recht anregenden und neuen Beitrag schreiben. Allerdings sollten Sie nun - gewissermaßen als Gegenleistung - für die erhaltenen Informationen auch die Unternehmen und Dienste Ihrer Gesprächspartner einbringen und mit einem Link zu deren Webseite verweisen.

Für einen aktuellen Beitrag genügt auch schon der Blick in ei- nen Kalender oder Jahresplaner. Dort finden Sie meist im Anhang einen Auszug der stattfindenden Messen und Ausstellungen. Be- stimmt befindet sich auch die Eine oder Andere darunter, über die Sie ausführlicher berichten könnten. Noch interessanter würde ein Bei- trag, wenn Sie die Messe oder Ausstellung selbst besuchen und die Neuigkeiten, die Sie dort entdeckt haben, genauer schildern. Sie könnten sogar in mehreren Newslettern davon berichten! Mit einer solchen Staffel wecken Sie richtigen Erwartungsgeist beim Leser.

Es gibt aber auch noch eine Menge weiterer Veranstaltungen, Studien, Termine und Ereignisse aus Ihrem Themengebiet, die Sie sicherlich kennen und für die sich ein Beitrag sicher lohnen würde.

Oft reicht es auch schon, einen mehrfach berichteten Themen- beitrag aus einer anderen Sichtweise zu betrachten oder weil er älter ist, neu zu re- cherchieren und schnell stoßen Sie wieder auf bemer- kenswerte Neuigkeiten und Veränderungen. Sie finden im Internet eine Fülle verschiedener Quellen, an denen Sie sich die Inspiration für einen eigenen Beitrag holen können.

1.9.7 Auslieferung (Mailing)

Den fertig geschriebenen Newsletter können Sie auf vielfache Weise an die Empfänger versenden. Dafür eignet sich ein Mailprogramm auf Ihrem eigenen Computer (z.B. MS Outlook, Netscape), ein Programm auf einem Webserver (CGI, PHP, ASP) oder ein Anbieter aus dem Internet. Der Einfachheit halber beschränken wir uns auf einen der zahlreichen Anbieter.

DOMEUS, ein Service der eCircle AG, bietet Ihnen rund um den Newsletter einen umfangreichen und völlig kostenlosen Service. Mit einer eigenen Online-Administration können Sie bis zu 300.000 Newsletter-Abonnenten, also E-Mail-Adressen, bequem und einfach verwalten. Jeder Newsletter kann mit einer Beschreibung, einem Willkommenstext und sogar einem Dateianhang (Attachments) von bis zu 500 KB ausgeliefert werden.

Abb.: domeus.de 62

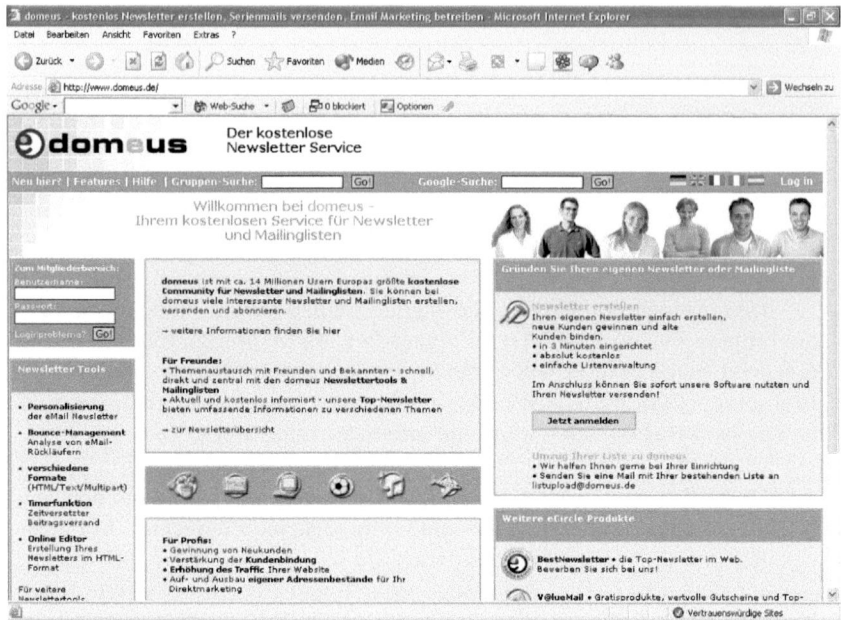

Abb.: domeus.de

Für die Anmeldung besuchen Sie zunächst die Homepage
www.domeus.de und klicken dort „Gruppe gründen" an. Sie erhalten dann ein
kurzes Formular, in das Sie einige Personalien eintragen müssen:

Melden Sie Sich kostenlos bei domeus an

Wir würden uns sehr freuen, wenn auch Sie - wie europaweit bereits viele Millionen andere - bei uns Mitglied werden. Um Zugang zum System zu erhalten und sämtliche domeus-Services nutzen zu können, benötigen wir vorher von Ihnen noch einige Angaben. Diese werden entsprechend unserer AGB streng vertraulich behandelt und keinesfalls an Dritte weitergegeben. Bitte achten Sie darauf, dass Ihre Angaben korrekt sind, da unter Umständen alle von Ihnen geschriebenen Beiträge auf unseren Webseiten unter Ihrem Namen erscheinen.

Anrede:	○ Herr ○ Frau
Vorname:	
Nachname:	
eMail-Adresse:	
Postleitzahl:	
Land:	-Bitte auswählen-
Sprache:	-Bitte auswählen-
Geburtsdatum:	-Bitte auswählen- -Bitte auswählen- (Tag, Monat, Jahr)

☐ Ich bin mit den AGB einverstanden und habe die Erklärung zur Nutzung meiner Daten nach § 4 I TDDSG gelesen.

Registrieren

Abb.: Anmeldeformular domeus

Nach Absenden des Formulars erhalten Sie eine Bestätigung per E- Mail mit Ihren Zugangsdaten. Sie können sich dann mit Benutzerna- me und Passwort auf der Homepage einloggen und erreichen Ihre persönliche Administration:

Abb.: Login domeus.de

Hier wählen Sie erneut „Gruppe gründen" und gehen dann in mehre- ren Schritten alle Einstellungen durch:

Abb.: Gruppe gründen domeus

Gruppe gründen

Schritt 2 von 3	
Gruppenname/eMail-Adresse der Gruppe:	[ ] @domeus.de An diese Adresse können Sie oder Ihre Mitglieder ihre I Gruppe zu verteilen (max. 40 Zeichen, Leer- und Sonde zulässig).
Voller Name Ihrer Gruppe:	[ ]
Gruppenbeschreibung:	[ ]
Willkommensnachricht:	[ ]

Ihre neue Gruppe wurde erfolgreich eingerichtet.

Was möchten Sie nun tun?

- Regeln

  Ich möchte die Regeln und die Beschreibung meiner Gruppe anpassen

- Mitgliederverwaltung

  Ich möchte Mitglieder zu meiner Gruppe einladen

- Übersicht

  Ich möchte zurück zur Gruppenübersicht, um alle meine Gruppen zu verwalten

Im Anschluss gelangen Sie direkt zur Übersicht und können neben vielen weiteren Optionen noch Feineinstellungen vornehmen, Mit- glieder in die Gruppe eintragen, Einladungen zum Newsletter versen- den sowie eine Anmeldebox für Ihre Homepage abkopieren.

DOMEUS stellt Ihnen aber noch eine weitere wichtige Funktion bereit. Sie können ein Newsletter-Archiv in Ihre Homepage integrieren. Mittels eines einfachen Links verweisen Sie auf das bei DOMEUS benannte „Forum" und zeigen dort alle Newsletter an, die Sie bisher bereits geschrieben und veröffentlicht haben. Hauptsächlich Interessenten, die noch nicht sicher sind, ob Sie sich in Ihren Newsletter eintragen sollen, erhalten so einen Überblick der bisheri- gen Beiträge. Aber auch bereits bestehende Mitglieder Ihrer Mailingliste können in dem Archiv nach Beiträgen suchen. Ein Vorteil, von dem Sie unbedingt Gebrauch machen sollten.

1.9.8 ISSN beantragen

Wahrscheinlich ist Ihnen die ISBN (Internationale Service Buch Nummer) schon eher geläufig, die in nahezu jedem Buch eingedruckt ist. Sie dient ausschliesslich der Identifikation einer bestimmten Auf- lage und Ausgabe. Der Zweck ist verständlich, anhand einer ISBN wird ein Buchtitel unverwechselbar und kann immer eindeutig dem Autor und Verlag zugeordnet werden.

Für fortlaufende Publikationen (z.B. Zeitschriften, Schriften- reihen, Jahrbücher, Adressbücher, Newsletter) ohne vorgesehenem Abschluss wird statt einer ISBN eine ISSN (Internationale Standard Serien Nummer) vergeben. Auch der Zweck einer ISSN ist die eindeutige Zuordnung von Titel und Herausgeber. Einem Titelschutz (Copyright) dient sie nicht. Bei einem Rechtsstreit kann die Registrierung einer ISSN aber durchaus als wichtiger Beleg für eine erstmalige Verwendung eines Titels dienen. Mit der deutlich sichtbaren Angabe der neunstelligen numerischen oder alphanumerischen ISSN im Newsletter verleihen Sie Ihren Lesern gegenüber einen zusätzlichen Ausdruck für Originalität, Beständigkeit und Transparenz. Daher ist die Registrierung mit einem maßgeblich geringen Zeitaufwand durchaus überzeugend.

Die Registrierung einer ISSN ist kostenlos und kann bei der Deutschen Bibliothek in Frankfurt am Main - wenn möglich mit Vor- lage des Titelblatts und der Impressumsseite - beantragt werden. Im Internet ist die Deutsche Bibliothek unter www.ddb.de erreichbar.

1.9.9 Newsletter bewerben

Der Erfolg eines Newsletters wird nicht selten an der Anzahl der vorhandenen Leser gemessen. Der Aufwand des Redakteurs bzw. der Redaktion wird erst durch steigende Leserzahlen gerechtfertigt und auch Werbekunden (Sponsoren), die eine der wichtigsten Einnahme- quellen für viele Herausgeber darstellen, vertrauen erst einem breite- ren Verteiler. Sogar die Glaubwürdigkeit der Leser selbst steigt durch das Wachstum der Newsletter-Abonnenten.

Eine zielbewusste Werbung für den eigenen Newsletter kann daher nicht schaden. Allerdings sollten Sie die Werbeaktivität niemals der Qualität Ihres Newsletters vorziehen. Konzentrieren Sie sich auf einen spannenden und informativen Inhalt, werden Sie alleine dadurch Empfehlungen erhalten, die sich schon ganz erheblich auf die Abonnentenzahlen auswirken können. Betreiben Sie einen reinen Kunden-Newsletter, sollten Sie Ihr Engagement betreffend der Be- werbung mit Vorsicht genießen und lieber nur auf die Existenz des Newsletters hinweisen. Andernfalls verkraulen Sie sich schnell Ihren hart erkämpften Kundenstamm und hinterlassen ein zunehmend schlechtes Image.

Um aber sonst überhaupt Leser bekommen zu können, müssen Sie eine Anmeldefunktion in Ihre Internetseiten einbauen. Dafür eignet sich die Startseite, weil dort jeder Besucher gleich darauf aufmerksam wird. Eine kleine Anmeldebox, wie Sie auch von DOMEUS (siehe Kapitel zuvor) bereitgestellt wird, ist absolut ausreichend. Beschränken Sie sich auf die Abfrage der E-Mail-Adresse und für ein personalisiertes Mailing höchstens noch auf den Namen. Weitere Angaben wären überflüssig und würden den Interessenten nur von einem Abonnement abhalten. Niemand gibt gerne seine Personalien heraus, wenn es sich bloß um den Erhalt elektronischer Nachrichten handelt. In einem kurzen Absatz können Sie das Thema Ihres Newsletters vor- stellen und die Vorteile gegenüber Anderen, die den Newsletter nicht bestellen, benennen.

Testen Sie die Anmeldefunktion nach dem erfolgreichen Ein- bau unbedingt erst selbst. Sie würden sich wundern, bei wie vielen Newslettern man gar nicht die Möglichkeit hat, sich einzutragen. Und das, weil manchmal ein kleiner Fehler im Quelltext oder der Pro- grammierung steckt! Ein Makel, der Herausgeber täglich um eine Menge Abonnenten bringt.

Ist die Anmeldefunktion erfolgreich installiert, können Sie zunächst einige Anmeldungen bei den bekanntesten Newsletter- Verzeichnissen vornehmen. Interessierte können in diesen Archiven nach passenden Newslettern suchen und Herausgeber dagegen Ihren Newsletter vorstellen. Zwar zeigt die Praxis, dass die Eintragung in den Verzeichnissen zu keinem drastischen Ansturm Ihrer Mailingliste führt, dennoch gilt, zumindest präsent zu sein und „Kleinvieh macht auch Mist".

Eine attraktive Gelegenheit, mehr Abonnenten zu erhalten, ist auch heute noch die Mundpropaganda. Wie erfolgreich Mundpropaganda sein kann, hat uns die Vergangenheit gelehrt. Nahezu täglich bietet es sich geradezu an, in einem Smalltalk am Kiosk, beim Friseur, im Ta- xi, im Verein, auf Partys und Veranstaltungen über den eigenen Beruf oder Nebenjob zu sprechen. Wenn Sie dann eine Visitenkarte mit Ihrer Internetadresse herausgeben und auf Ihren stolzen Newsletter hinweisen, haben Sie meist nicht nur einen Websitebesucher mehr, sondern oft auch einen treuen Abonnenten. Der vorab persönliche Kontakt ist es, der den Interessenten auffordert, mehr über Sie und Ihre Arbeit zu erfahren. Berechnen Sie selbst einmal, wie viele ver- schiedene Gesprächspartner Sie täglich haben. Dann lässt sich auch schnell berechnen, wie hoch Ihre Leserzahl nach nur einem Jahr wäre. Nicht jeder Ihrer Bekannten, Freunde und Verwandten wird auch ei- nen Newsletter wünschen, aber jeder Fünfte oder Sechste wäre ein realistisches Ziel. Aber auch im virtuellen Kontakt können Sie ein- drucksvolle Eigenwerbung abgeben. Denken Sie an Chats, Foren oder andere Kommunikationsprogramme (ICQ, etc.). Hier verbietet zwar die Nutzungsbedingung (Nettiquette) eine direkte und unaufgeforderte Werbung, wenn Sie aber auf das Thema Internet oder Beruf stossen und danach gefragt werden, was Sie tun, dürfen Sie schon „Homepa- ge-Betreiber" antworten. Und die neugierige Nachfrage anderer Mit- glieder, welche Homepage Sie denn betreuen, liegt dann schon ziemlich nahe. Sie antworten also mit Ihrer Internetadresse! Möchten Sie dennoch eine Schleichwerbung - insbesondere in öffentlichen Chaträumen mit vielen Teilnehmern - vermeiden, bietet sich auch das Einladen der anfragenden Mitglieder zu einem vertraulichen Chat an. So bleibt die Öffentlichkeit ausgeschlossen und Sie können ungestört alle Daten austauschen.

Einen deutlichen Zuwachs Ihrer Leserzahlen erreichen Sie mit Geschenken als Prämie für neue Leser Ihres Newsletters. Das könnte beispielsweise ein Kugelschreiber oder ein Feuerzeug sein. Bei Abonnements von Zeitungen und Zeitschriften ist eine Prämie für Neukunden Gang und Gebe. Im Vergleich zu diesen Herausgebern ist Ihr Newsletter allerdings kostenfrei und nicht vertragsgebunden. Sie laufen mit diesen Ködern also Gefahr, dass sich Neuabonnenten nur wegen des Geschenks eintragen und entweder den Newsletter überhaupt nicht lesen oder sich nach Erhalt der Prämie wieder abmelden oder womöglich mehrfach eintragen. Ein weiterer Nachteil ist auch die logistische Abwicklung, die bei dieser Promotion ganz schön um- fangreich werden kann. Dazu kommen die Kosten der Werbege- schenke, Porto, Verpackung und zusätzliche Arbeitszeit für die ge- samte Bearbeitung. Alles in Allem ist diese Lösung ausschliesslichfür professionelle und finanzkräftige Unternehmen eine planbare Be- werbung. Anders sieht es schon aus, wenn Sie eine digitale Prämie mit dem Abonnement verbinden. Die Zugangsdaten zu einem Online-Archiv, ein Bildschirmschoner oder eine spezielle Software wären Beispiele. Diese digitalen Geschenke benötigen eine weit geringere

Planung und Bearbeitung, sind finanziell gut vereinbar und sogar be- sonders effektiv, wenn Sie in Bezug zur eigenen Homepage stehen. Allgemein sollten Sie die Ausschreibung einer Prämie aber gut durchdenken und den Aufwand in Arbeitszeit und Kosten zuvor ein- berechnen. Letztlich gibt es noch zahlreiche andere Werbeaktivitäten für Ihre Homepage, bei denen Sie Ihren Newsletter immer mit be- rücksichtigen können.

1.10 Suchdienste im WWW

Das World Wide Web (WWW) umfasst mehrere Milliarden verschie- dene Internetseiten. Und jede Sekunde kommen Tausende neue Do- kumente hinzu. Um sich angesichts dieser Lawine von Informationen, Dienstleistungen und Angeboten noch orientieren zu können gibt es Suchdienste. Vergleichbar mit einem Branchenbuch für Telefon- nummern ist der Suchdienst ein Branchenbuch für Internetadressen. Und um dem Zweck gerecht zu werden, sind Suchdienste auch all- gemein nur über das Internet abfragbar. Studien und Erfahrungen zufolge sollen zwischen 65 und 85 Prozent der Internetnutzer Such- dienste für die Informationsrecherche im Internet verwenden. Will ein Homepage-Betreiber also mit seiner Website überhaupt gefunden werden, sollte das Anmelden bei den wichtigsten Suchdiensten zur Pflicht gehören noch bevor weitere Werbemaßnahmen durchgeführt werden! Da keine zentrale Aufnahmestelle existiert, ist jeder Betrei- ber einer Homepage selbst für die Anmeldung der Internetseiten bei den einzelnen Suchdiensten verantwortlich.

1.10.1 Arbeits- und Funktionsweisen

Suchdienst ist aber nicht gleich Suchdienst! Es gibt ganz unterschied- liche Wesensmerkmale und Methoden bei den vielen Tausend Such-iensten im weltweiten Datennetz. Dabei beschränken wir uns auf die fünf geläufigsten Arten:

Verzeichnisse

Verzeichnisse sind vom Aufbau her in verschiedene Kategorien und wei- ter verschachtelte Unterkategorien gegliedert, die einem das ziel- gerichtete Suchen vorzugsweise ermöglichen sollen. Beispielsweise gibt es die Oberkate- gorie „Computer & Internet", die sich dann in Unterkategorien, wie -Internet, Hardware, Software,...-, splittet. Ver- zeichnisse werden daher auch als - monohierarchische Suchdienste-bezeichnet. Alle Anmeldungen in den Katego- rien werden durch eine Redaktion geprüft, eingetragen und verwaltet. Hier herrscht also der Fall vor, dass die Aufnahme einer Homepage völlig vom Ermessen des zuständigen Redakteurs abhängt. Das in Deutschland bekanntes- te Beispiel für ein Verzeichnis ist YAHOO (www.yahoo.de).

Suchmaschinen

Suchmaschinen oder -polyhierarchische Suchdienste- nutzen über- wiegend ein automatisiertes System zur Erfassung von Einträgen. Sobald eine Internetadresse angemeldet wurde, durchsuchen sie die Website und die davon abgehenden Verweise und greifen die für sie wichtigen Schlüsselwörter, Verweise und Inhalte auf. Sie werden deshalb umgangssprachlich auch –Crawler- oder –Spider- genannt. Vorteil der Suchmaschinen ist, dass fast jede Anmeldung einer Ho- mepage auch zu einer Eintragung führt und dem Nutzer ein riesiges Archiv zur Recherche bietet. Nachteil dessen ist aber eben dieses gewaltige Archiv. Um ein wertvolles Suchergebnis zu bekommen, muss der Nutzer meist die -erweiterte Suche- mit logischen Hilfsmitteln (Operatoren) anwenden. Altavista.de, Fireball.de, Google.de und QualiGO.de sind einige Beispiele für Suchmaschinen.

Hybridsuchmaschinen

Hybridsuchmaschinen sind eigentlich nichts anderes als eine Kombi- nation von Verzeichnis und typischer Suchmaschine. –Hybrid- kommt aus dem Lateinischen und heisst zu deutsch „von zweierlei Herkunft". Die Aufnahme von Homepages beschränkt sich dann auf das automatisierte Verfahren der Suchmaschinen. Während sich die Redaktion auf die bereits erfassten Einträge konzentriert und dafür Bewertungen und Besprechungen in einem ausgelagerten Verzeichnis abgibt.

Metasuchmaschinen

Metasuchmaschinen bedienen sich dem Inhalt und der Abfragefunk- tion anderer Verzeichnisse und Suchmaschinen. Sie liefern praktisch eine Zusammenfassung und Neusortierung der ersten Suchergebnisse von verschiedenen Suchdiensten. Jedes Ergebnis zum gesuchten Be- griff wird mit der jeweiligen Quelle des bedienten Suchdienstes ange- zeigt. Eine bekannte Metasuchmaschine ist Metacrawler.de.

Linklisten

Auf Linklisten wird ausschliesslich die Homepage mit einer kurzen Beschreibung angemeldet. Linklisten-Betreiber nehmen die Eintra- gung Ihrer angemeldeten Daten fast in allen Fällen auch vor. Von der Anmeldung bei Linklisten ist allerdings grundsätzlich abzuraten! Zwar wird es auch die eine oder andere seriöse Linkliste geben, aber überwiegend sind die Betreiber nur daran interessiert, Ihre E-Mail- Adresse zu bekommen, um die Empfängerzahlen ihres Newsletters zu erweitern. An der Weitergabe und Zuordnung von Besuchern sind diese Betreiber aber selten interessiert.

Noch kritischer ist die Vorgehensweise von Free-For-All- Linklisten zu betrachten. Diese FFA-Linklisten ködern die nach Werbung suchenden Webmaster zumeist mit Versprechungen, wie „Eintragung auf 30.000 Websites" oder ähnliches. In der Tat setzen diese FFA-Linklisten diese Versprechen auch um und veröffentlichen Ihren Eintrag wirklich auch auf so vielen verschiedenen Internetseiten. Nur, dass die Internetseiten alle aus absolut wertlosen Linklisten bestehen und vollgepackt mit übertriebenen, unbrauchbaren und sogar verlogenen Beschreibungen sind. Niemand würde diese Linklisten wirklich für die Suche nach einem Thema oder einem Angebot verwenden. Obendrauf kommt noch die bittere Realität, dass Sie von den Verwaltern dieser einzelnen Linklisten auch in den Verteiler aufgenommen werden. Und stellen Sie sich vor, nur ein Bruchteil der im Beispiel

genannten 30.000 Verwalter würde Ihnen wöchentlich einen Newslet- ter zuschicken. Das sprengt in Kürze jedes E-Mail-Programm. Mit einem Eintrag in diesen Linklisten ziehen Sie höchstens Ihr Image in den Schmutz und vergeuden Ihre Arbeitszeit, die Sie anderweitig viel effektiver einsetzen können.

1.10.2 Optimierung zur Anmeldung

Eines haben alle Suchdienste gemeinsam, sie lassen sich durch Voll- text oder Schlüsselbegriffe - auch Keywords genannt - durchsuchen und liefern daraufhin die dazu gefundenen Ergebnisse. Der Auf- schluss, dass bei der durchschnittlichen Abfrage in Suchdiensten aber nur die ersten 30 Suchergebnisse von Bedeutung sind, stellt den Ho- mepage-Betreiber zunehmend vor die Aufgabe, die eigenen Inter- netseiten möglichst weit oben zu positionieren. Man spricht bei dieser Aufgabenlösung von „Optimierung".

Einige hält der Gedanke von Besuchern und Seitenaufrufen (Traffic) nicht einmal von Manipulation ab, indem sie beispielsweise gleich hundertfach einen einzigen Begriff hintereinander auf der In- ternetseite darstellen. Durch diese Worthäufigkeit innerhalb einer Internetseite indizieren dann Suchmaschinen das Dokument als be- sonders relevant. Gerade bei sehr gefragten Begriffen, wie   kosten- los- oder „sex", sind diese Machenschaften nur zu häufig zu beobach- ten. Deckt die Suchmaschine aber schon bei der Anmeldung oder auch erst aufgrund von Nutzerhinweisen oder neuen Schutzmechanismen den Manipulationsversuch auf, ist die Auswirkung langfristig fatal, denn so schnell wird Ihre Homepage dann nicht wieder aufge- nommen. Die Versuche durch Manipulation eine bessere Positionie- rung (Ranking) zu erreichen, hat viele Nachteile und ist für eine aus- sichtsreiche Anmeldung auch nicht notwendig.

Es steht völlig ausser Frage, dass sich ein Homepage- Betreiber durch die Anmeldung bei Suchdiensten auch die Aufnahme und reichlich Besucher wünscht. Suchdienste erhalten täglich mehrere Millionen Zugriffe und können Ihnen weit mehr als nur einfache Be-

ucher bringen. Durch eine Optimierung erreichen Sie genau die Zielgruppe, für die Ihre Internetseiten auch erstellt wurden. Suchdien- ste stellen deshalb ein hervorragendes und zudem kostenloses Marke- tinginstrument dar. Bevor Sie Ihre Homepage also willkürlich bei diversen Suchdiensten anmelden, sollten Sie schon einige Hinweise beherzigen, Fehlerquellen ausgrenzen und Optimierungen zur Ver- schlagwortung vornehmen.

Thema und Seitenlänge

Immer mehr Wert legen Suchdienste in Zukunft auf eine themenbe- zogene Homepage. Die Abhandlung eines Themas auf einer einzigen Internetseite ist allerdings nicht ausreichend. Das gesamte Web, also Ihre anzumeldende Domain mit allen Unterkategorien und einzelnen Internetseiten sollten sich auf ein Hauptthema fokussieren. Verzeich- nisse und technisch ausgereifte Suchmaschinen vergeben die oberen Positionen zu einem Suchbegriff nur an Einträge, die auf Ihren Inter- netseiten auch genauer auf das Thema eingehen. Eigentlich nur zu verständlich, denn wenn Sie bei einem Suchdienst einen Begriff ein- geben, wollen Sie sicher auch nicht nur auf einer einzigen Internetsei- te mit knappen Informationen abgespeist werden. Sie erwarten viel- mehr eine Homepage, die sich näher mit dem Spezialgebiet beschäf- tigt hat und sich mit vorbildlichen Recherchearbeiten und einer an- gemessenen Erfahrung hervorheben kann. Verzeichnisse prüfen diese Gegebenheit durch Ihre Redakteure. Automatisierte Suchmaschinen hingegen verwenden ein techni- sches Verfahren namens „Term Vector Relevance" oder „Themebased Indexing". Die Positionierung ge- winnt dabei an Stellenwert, wenn der Suchbegriff in einem bestimm- ten Verhältnis von der einzelnen Internetseite auch zu den übrigen Internetseiten der Domain steht. Es ist darum auch empfehlenswert, für jedes eigenständige Thema eine neue Domain zu verwenden.

Einen Gefallen tun Sie Suchmaschinen und Besuchern, wenn Sie die Länge jeder Internetseite etwas einschränken. Hauptsächlich Suchmaschinen, die Ihre Internetseiten automatisiert besuchen, kön- nen oftmals nur eine begrenzte Länge einer Internetseite erfassen.

Aber auch Besucher schätzen es, wenn Sie keine ellenlangen Doku- mente mit endloser Ladezeit aufrufen müssen. Stellen Sie sich nur einmal vor, der Inhalt dieses Buches wäre auf einem Blatt abgedruckt. Das wäre ebenso schlecht zu lesen und man würde völlig den Über- blick verlieren.

Verschlagwortung

Nach welchen Algorithmen die technisierten Suchmaschinen ihre oberen Ergebnispositionen vergeben ist unterschiedlich und bleibt das grosse Geschäftsgeheimnis. Von selbsternannten Experten können Sie im Internet immer wieder ganze Abhandlungen darüber lesen, wie Sie in den Ergebnislistings der Suchmaschinen ganz oben erscheinen. Wenn man daran denkt, dass Ihnen Suchmaschinen schliesslich eine völlig kostenfreie und dazu noch effektive Werbemöglichkeit bieten, dann ist es auch unbedingt angebracht, sich etwas mehr dem Thema zu widmen und einige Ratschläge ernst zu nehmen. Deshalb sollten Sie sich aber nicht wochenlang den Kopf darüber zerbrechen, wie Sie die beste Platzierung erreichen. Die Ergebnispositionen (Ranking) können sich ohnehin durch Neueinträge und erweiterte Sortierkriterien täglich ändern. Viele der Top-Positionen sind auch nicht auf eine Optimierung zurückzuführen, sondern zufällig erreicht worden. Sie sparen viel Zeit, wenn Sie sich nach getaner Arbeit lieber weiteren Werbeformen widmen.

Eindeutig ist, dass die Worthäufigkeit beim Ranking eine gro- sse Rolle spielt. Sie benötigen deshalb zunächst etwa 3 bis 4 Wörter, die jeweils das Hauptthema Ihrer Internetseiten spiegeln. Relevant ist dabei nicht unbedingt die Länge dieser Wörter, sondern vielmehr der Sinn und Sprachgebrauch. Als Beispiel dienen uns die Begriffe „Partner" und „Partnervermittlung". Obwohl beide Suchabfragen zu dem gleichen Ergebnis führen könnten, wird der Begriff „Partnervermittlung" fast siebenmal häufiger gesucht, als der Begriff „Partner". Die stärkere Frequentierung des Begriffes „Partnervermittlung" liegt nicht zuletzt daran, dass sich unter dem einfachen Wort „Partner" auch andere Inhalte vermuten lassen, wie beispielsweise gewerbliche Ko- operationen und ähnliches. Das weiß auch der Suchende und grenzt die Ergebnisabfrage deshalb schon im Vorfeld mit einem genauer

definierten Suchbegriff ein. Ihre ausgewählten Schlüsselwörter sollten also eindeutig im Bezug zu dem Inhalt Ihrer Homepage stehen, klar verständlich, unverwechselbar und häufig im Sprachgebrauch sein. Im Vorteil sind Sie, wenn eines der Schlüsselwörter auch in Ihrer Internetadresse (Domain) enthalten ist.

Haben Sie erst einmal die richtigen Schlüsselwörter ausgewählt, können Sie beginnen, diese in Ihren Internetseiten ausschlag- gebend zu platzieren. Versuchen Sie, die Schlüsselwörter zunächst in allen sichtbaren Texten Ihrer Internetseiten einzubringen, wo sie aber auch einen inhaltlichen Sinn ergeben. Vergessen Sie dabei nicht die Überschriften und Seitentitel, die für viele Suchmaschinen einen gro- ssen Stellenwert bei der Indizierung einnehmen. Daneben können Sie auch den Verzeichnissen (Ordnern) und Seitennamen Schlüsselwörter zuordnen.

Meta-Tags und HTML

Suchmaschinen sind zumeist so ausgestattet, dass Sie bei der techni- sierten Aufnahme einige Textbausteine der angemeldeten Internetsei- te aufgreifen und diese bei der späteren Suchabfrage zusammen mit der Internetadresse ausgeben, wenn der Suchbegriff enthalten ist. Verwendet der Betreiber der angemeldeten Homepage aber Frames oder überwiegend Bildobjekte kann die Suchmaschine keine oder nur zweckfremde Textinhalte indizieren. An dieser Stelle kommen soge- nannte „Meta-Tags" zum Einsatz. Es will gesagt sein, dass nicht alle Suchmaschinen auch Meta-Tags unterstützen und es ist ebenso wenig eine Garantie dafür, dass Ihre Homepage aufgenommen oder besonders gut positioniert wird. Auf jeden Fall sollten Sie den Suchmaschi- nen aber diese Informationsquelle nicht vorenthalten. Meta-Tags werden in den Quellcode (HTML-Text) der Internetseiten eingefügt und können so immer von der Suchmaschine ausgelesen werden. Es gibt sehr viele verschiedene Meta-Tags. Wirklich wichtig sind für Sie aber nur die Befehle „description" und „keywords". Der Befehl „description" gibt die Beschreibung Ihrer Homepage an und der Be- fehl „keywords" hinterlegt die von Ihnen ausgewählten Schlüsselwör- ter.

Bleiben wir bei dem zuletzt genannten Beispiel der Partner- vermittlung, könnten Sie als Beschreibung „Unsere Partnervermitt- lung bringt einsame Herzen zusammen. Lernen Sie nette Menschen mit einer Kontaktanzeige kennen. Partnersuche leicht gemacht!" und als Schlüsselwörter „Partnervermittlung, Kontaktanzeigen, und Part- nersuche" hinterlegen wollen. Im Quelltext der Internetseite fügen Sie Meta-Tags zwischen die Tags <HEAD> und </HEAD>. Das würde bei unserem Beispiel dann folgendermaßen aussehen:

<HEAD>

<TITLE>Partnervermittlung</TITLE>

<META name="description" content="Unsere Partnervermittlung bringt einsame Herzen zusammen. Lernen Sie nette Menschen mit einer Kontaktanzeige kennen. Partnersuche leicht gemacht!">

<META name="keywords" content="Partnervermittlung, Kontaktanzeigen, Partnersuche">

</HEAD>

Durch die Einbindung der Meta-Tags kann die Suchmaschine nun die Beschreibung und die Schlüsselwörter aufgreifen und speichern, selbst wenn im sichtbaren Bereich der angemeldeten Homepage kein Text enthalten ist.

Wie wir nun durch die Meta-Tags wissen, tasten diese Such- maschinen also ebenfalls den nicht-sichtbaren Bereich, den Quelltext, einer Internetseite ab. Das bringt uns zu der Erkenntnis, dass für einen Teil dieser Suchmaschinen nicht nur die Meta-Tags, sondern auch die übrigen Tags von Bedeutung sind. Binden Sie deshalb, wo immer es möglich ist, Ihre Schlüsselwörter im HTML-Text ein. Das können Verzeichnisnamen, alternative Texte, Quellen und Hinweise sein.

Frames modifizieren

Der Einsatz von Frames scheint inzwischen stark rückläufig zu sein. Dennoch bieten viele Webeditoren die Möglichkeit an und es wird noch immer häufig davon Gebrauch gemacht. Für Webmaster ergibt sich bei dem Einsatz von Frames der Vorteil, dass das Grundgerüst einer Homepage nur einmalig erstellt und auf den Webserver geladen wird, aber für alle weitergehenden Internetseiten herangezogen wer- den kann. Was aber für den Webmaster zunächst eine enorme Zeiter- sparnis ist, kann sich spätestens bei der Suchmaschinenanmeldung rächen. Schon beim Eintritt in eine frameerstellte Homepage kann die Suchmaschine oft nur den Inhalt zwischen den Tags <NOFRA-MES> und </NOFRAMES> indizieren. Diese Tags wurden eingeführt, um damit einen Hinweis für Besucher zu platzieren, die noch eine ältere, nichtfrämefähige Browserversion benutzen. Beispielsweise einen Hinweis wie „Sie benötigen einen Browser, der Frames unterstützt!" kann der Besucher dann lesen. Im Quelltext würde dieser Tag so aus- sehen:

```
<NOFRAMES>Sie ben&ouml;tigen einen Browser, der
Frames unterst&uuml;tzt!</NOFRAMES>
```

Den Quelltext nur ein wenig abgeändert und schon tun wir Suchma- schinen und einigen Besuchern einen Gefallen:

```
<NOFRAMES> F&uuml;r eine optimale Darstellung der
Homepage ist ein Browser notwendig, der Frames un-
terst&uuml;tzt!

<A HREF="sitemap.html">Oder w&auml;hlen Sie aus
der &Uuml;bersicht...</A> </NOFRAMES>
```

Nun bekommen Suchmaschinen und Besucher zwar einen Hinwei- stext ausgegeben, können aber direkt einem weitergehenden Verweis folgen:

```
Für eine optimale Darstellung der Homepage ist
ein Browser notwendig, der Frames unterstützt! Oder
wählen Sie aus der Übersicht...
```

Der Link in unserem Beispiel verweist nun auf die Internetseite „sitemap.html". Auf dieser Seite erstellen Sie eine Übersicht mit Links auf alle

Dokumente, die für die Öffentlichkeit bestimmt sind. So kann die Suchmaschine vom Frame-Hinweis auf die Übersicht gelangen und dort alle Internetseiten erfassen. Diese kleine Änderung dauert nicht länger als fünf Minuten und bringt Ihnen vielleicht schon den einen oder anderen Suchmaschineneintrag und Besucher mehr.

robots.txt

Die überwiegende Anzahl aller Suchdienste durchforstet eine ange- meldete Homepage nach der Datei „robots.txt". Die Datei robots.txt soll den Suchdiensten anzeigen, welche Verzeichnisse und Dokumen- te innerhalb der Domain nicht veröffentlicht werden dürfen. Die Da- teiendung „.txt" verrät bereits, dass es sich um ein einfaches Textfor- mat handelt. Deshalb kann die Datei mit jedem beliebigen Texteditor (z.B. Notepad oder Wordpad) erstellt und anschliessend über einen FTP-Zugang oder mittels Webeditor auf den Webserver hochgeladen werden. Dabei ist zu beachten, dass die Datei in oberster Ebene (Top- Level) und nicht in einem Unterverzeichnis abgelegt wird. Der Datei- name muss komplett in Kleinschrift lauten, also: „robots.txt". „Ro- bots.txt" wäre falsch! Der Inhalt der Datei robots.txt ist sehr kurz und verständlich.

Wenn Ihre gesamte Homepage mit allen Dokumenten und Inhalten erfasst und aufgenommen werden darf lautet der Text:

```
User-agent: * Disallow:
```

Unter „User-agent" kann der Name eines bestimmten Suchdienstes einge- tragen werden für die dann die Regel „Disallow" gilt. „Disal-

Low" bedeutet zu deutsch: unerlaubt, verboten, verweigert. „Disal- low" definiert demnach ein Verzeichnis oder eine bzw. mehrere ge- nau bestimmte Dateien, die nicht indiziert werden dürfen.

Wünschen Sie genau das Gegenteil, dass Ihre Homepage gar nicht aufge- nommen wird, lautet der Text:

```
User-agent: * Disallow: /
```

Im folgenden Text zeigen wir an, dass die Datei „adressen.html" im Verzeichnis „kundenkartei" nicht für die Öffentlichkeit bestimmt ist:

```
User-agent: * Disallow:
/kundenkartei/adressen.html
```

Um abschliessend auch die Kombinationsmöglichkeiten zu erläutern noch ein komplizierteres Beispiel:

```
User-agent: Yahoo Disallow:
/kundenkartei/adressen.html User-agent: * Disallow:
/
```

Wahrscheinlich haben Sie es schon erkannt. Im ersten Teil erlauben wir dem Suchdienst YAHOO zwar die Erfassung und Aufnahme un- serer Homepage, schliessen aber wieder aus, dass die Datei „adressen.html" mit veröffentlicht wird. Im zweiten Teil grenzen wir alle anderen Suchdienste von der Erfassung und Aufnahme unserer Homepage aus.

HINWEIS!

Eines gibt es beim Erstellen der robots.txt in jedem Fall zu beachten, nämlich die Datensicherheit! Jeder Besucher kann die Datei robots.txt aufrufen und sieht damit auch, ob und welche Dateien nicht für die Öffentlichkeit bestimmt sind. Handelt es sich hierbei also um wichtige Daten, müssen diese unbedingt passwortgeschützt sein!

Linkpopularität

Ebenfalls ausschlaggebend für die Positionierung in einigen Suchmaschinen sind die Anzahl der Linkverweise zur Website. Setzt eine fremde Homepage einen Link zu Ihrer Website, werten einige Such- maschinen das als eine Empfehlung. Die angemeldete Website ist im Internet bekannt, wird als wichtig angesehen und deshalb bevorzugt positioniert. Der Relevanzfaktor erhöht sich dabei noch, wenn die Linkverweise von themenverwandten Homepages ausgehen.

Um die Linkpopularität zu erhöhen und so einige Linkverwei- se zu erhalten, gibt es ein einfaches Vorgehen. Suchen Sie sich eine Hand voll Homepages heraus, die Ihr Themengebiet behandeln und hilfreich abrunden. Das muss aber nicht Ihre unmittelbare Konkur- renz sein, denn die Homepages sollten vielmehr Ihre Inhalte noch zusätzlich ergänzen. Achten Sie darauf, dass die Websites auch im Grad der Bekanntheit zu Ihrem Projekt passen. Schreiben Sie dann die Homepage-Betreiber an und schlagen Sie einen Linktausch auf den Internetseiten vor. Sie stellen etwas Vertrauen her, wenn Sie die Links Ihrer auserwählten Partnerseiten schon vor dem ersten Kontakt in Ihre Website aufnehmen. Sind die Verweise mit den Partnern aus- getauscht, können Suchmaschinen diese „Empfehlungen" indizieren und für eine Positionierung bewerten.

Hinweise

Bevor Sie nun mit der Anmeldung bei den Suchdiensten loslegen, sollten Sie abschliessend noch einmal diese Hinweise durchgehen. Denn wenn Ihre Homepage nur eine dieser häufigen Fehlerquellen aufweist, kann das ausschlaggebend dafür sein, dass Ihre Seite in ei- nen Grossteil der Suchdienste nicht aufgenommen wird.

1. Melden Sie keine unvollendete Homepage an, die sich noch im Aufbau befindet („Under Construction"). Alle Seiten der Homepage sollten problemlos ohne Fehlermeldung aufrufbar sein.
2. Begrenzen Sie die Seitenlängen so, dass eine übersichtliche Navigation und Lesbarkeit für Suchmaschinen und Besucher möglich ist. Je Internetseite sollte eine Dateigrösse von 40.000 bis 70.000 Bytes nicht überschritten werden.
3. Bleiben Sie sparsam mit der Verwendung von Grafiken und optimieren Sie Bildobjekte auf eine maximale Grösse von je 17.000 Bytes.
4. Melden Sie einzelne Internetseiten Ihrer Homepage nur an, wenn es sich um aktuelle Themenbeiträge oder Nachrichten handelt. Sonst melden Sie immer die Top-Level-Domain an, z.B.: www.webmaster-

marketing.de .

5. Enthält Ihre Homepage nur dynamische Internetseiten (Datei- endung z.B.: .php, .cgi, .asp, etc.), dann erstellen Sie die Sei- ten nach Möglichkeit noch mal statisch (Dateiendung: .htm, .html) und melden erst diese an. Andernfalls erstellen Sie mindestens eine statische Eingangsseite zur Anmeldung bei den Suchmaschinen („Doorpage").

6. Bei dem Einsatz von Frames nutzen Sie die Tags `<NOFRA- MES>` und `</NOFRAMES>` und fügen eine Weiterleitung im Quelltext der Internetseite ein.

7. Jede Internetseite Ihres Webs sollte einen Titel und die not- wendigsten Meta-Tags im Quelltext enthalten.

1.10.3 Suchmaschinen-Anmeldung

Die wichtigste Voraussetzung, dass Ihre Homepage nun gefunden werden kann, sind Einträge bei den bekanntesten Suchdiensten. Die grossen Dienste werden täglich millionenfach nach Suchbegriffen abgefragt und bieten Ihnen den nötigen zielgruppenspezifischen Be-

sucherstrom. Aber welche Dienste sind wirklich gross? Es sind die Dienste, die am häufigsten genutzt werden und die jeder vertraute Internetsurfer kennt. Wahrscheinlich haben auch Sie bereits von dem einen oder anderen Suchdienst schon gehört:

Yahoo.de (Verzeichnis) Google.de (Suchmaschine) AltaVista.de (Suchmaschine) Lycos.de (Suchmaschine) Fireball.de (Suchmaschine) AllesKlar.de (Verzeichnis) Web.de (Verzeichnis) Dino-Online.de (Verzeichnis) HotBot.de (Suchmaschine) AllTheWeb.com (Suchmaschine)

Diese Dienste machen zusammen den überwiegenden Grossteil aller Suchabfragen in Deutschland aus. Dabei zählen Yahoo und Google zu den meistgenutzten deutschen Suchdiensten.

Manuelle Anmeldung

Bei den grössten und für Sie wichtigsten Suchdiensten sollten Sie die Anmeldung Ihrer Homepage unbedingt selbst vornehmen. Damit ge- hen Sie auf Nummer sicher, dass die Anmeldungen auch mit allen geforderten Angaben richtig abgeschlossen wird. Um Ihre Homepage manuell anzumelden, rufen Sie zunächst den jeweiligen Suchdienst im Internet auf. Im Kopf- oder Fussteil der Homepage finden Sie dann meistens einen Link mit der Bezeichnung „URL hinzufügen" oder „Seite vorschlagen". Nach Anklicken gelangen Sie dann zu einem Anmeldeformular, in dem Sie Angaben zu Ihrer Homepage eintragen müssen, wie beispielsweise Titel, URL (Internetadresse), Betreiber, Adresse, E-Mail, kurze Beschreibung, lange Beschreibung und Kommentar. Je nach Suchdienst kann die Anmeldung sehr kurz oder auch etwas umfangreicher ausfallen. Allgemein ist aber die An- meldung recht unkompliziert und vielversprechend, wenn Sie die Vorgaben und Bedingungen des jeweiligen Dienstes einhalten. Gut

organisierte Suchdienste bestätigen Ihre erfolgreiche Anmeldung auch zusätzlich mit einer E-Mail und übermitteln Ihnen eine Nach- richt, ob Ihre Homepage aufgenommen oder der Eintrag abgelehnt wurde. Mit einer Eintragung sollten Sie nach der Anmeldung aller- dings so schnell nicht rechnen. Denn die Bearbeitungszeit kann schon gut zwischen ein und drei Monate in Anspruch nehmen. Gehen Sie also etwas gelassener an die Anmeldung heran und ärgern Sie sich nicht, wenn Sie Ihre Homepage nach zwei Monaten noch immer nicht in einem der Suchdienste finden können. Manche Dienste bieten aber gegen einen Fixbetrag die Möglichkeit, direkt einen Eintrag vorzu- nehmen oder zumindest die Prüfungszeit enorm zu verkürzen. In Ausnahmefällen kann so ein Angebot durchaus auch interessant sein, wenn Sie als Vorreiter mit einer Produkt- oder Themenneuheit eine schnelle Bekanntheit erlangen wollen. Wenn Sie ein wenig auf den Seiten der Suchdienste stöbern, stossen Sie fast immer auf derartige Angebote.

Anmeldehilfe

Neben den zehn grössten Suchdiensten gibt es noch eine Vielzahl kleinerer bis mittlerer Verzeichnisse und Suchmaschinen, die aber zusammen immerhin auch auf einige Milliarden Suchabfragen kom- men. Eine Eintragung ist also durchaus lohnenswert, nur das manuel- le Anmelden würde dafür Tage brauchen. Hier erfüllt sehr hilfreich eine speziell entwickelte Software ihren Zweck, die für Sie die Arbeit völlig eigenständig übernimmt. Der Vorteil dieser Anmeldungspro- gramme liegt darin, dass Sie bloss einmal alle Stammdaten Ihrer Ho- mepage anlegen müssen und die Anmeldung bei den vorgegebenen Suchdiensten dann auf Knopfdruck völlig automatisch abgearbeitet wird. Innerhalb von fast fünf Minuten können Sie Ihre Homepage dann schon bei hundert bis zweihundert Suchdiensten anmelden. Fast alle diese Softwareprodukte haben noch integrierte Zusatzfunktionen wie Filter, Protokollausgabe, Meta-Tag-Generator und Dokumentati- on.

Eintragsdienste

Neben der Software gibt es noch Unternehmen, die Ihnen die Arbeit mit den Suchdiensten gerne abnehmen. Der Vorteil dabei liegt klar auf der Hand, Sie benötigen kein Fachwissen und überlassen dem geschulten Firmenpersonal die obligatorischen Arbeiten. Gegen Be- zahlung, versteht sich natürlich! Zwar gibt es Anbieter, die Ihre Ho- mepage kostenlos anmelden und eintragen wollen. Tatsächlich ist bei diesen Angeboten aber leider mehr davon auszugehen, dass der Be- treiber entweder überwiegend auf Homepage-Besucher oder auf Ihre E-Mail-Adresse aus ist. Der Erfolg Ihrer Homepage steht dann aber im Hintergrund. Immerhin hat qualitative Arbeit ja auch Ihren Preis. Und demzufolge übernehmen sogenannte Eintragsdienste auch nicht nur die Anmeldung bei Suchdiensten, sondern erstellen zuvor Analy- sen und danach detaillierte Protokolle und Auswertungen. Dazwi- schen erhalten Sie professionelle Beratung und Optimierungsvor- schläge für Ihre Website. Kostenpflichtig heisst dabei aber nicht gleich gut. Denn leider tummeln sich in dieser Marktnische auch viele schwarze Schaafe. Schauen Sie deshalb lieber einmal mehr auf die Details der Angebote.

Verweise:
Die GoodsProtection Consulting e.K. bietet auf Ihrer Website verschiede-

ne Eintrags- dienste und eine Menge Werkzeuge rund um den Suchmaschinen-
ein- trag: Voreintrags-Check, META-Tag-Generator, Ladezeit-Check,
Keyword-Datenbank, Link-Check, Image-Komprimierung, HTML- Check,
Browser-Screenshots, Position-Finder, Link-Popularity und Tracking.

http://www.goodsprotection.de

1.11 Linkwerbung

Eine unkomplizierte Form, die eigene Homepage zu bewerben, bietet die
Linkwerbung. Dafür bewerben Sie Ihre Domain mit einem reinen Textlink auf
anderen Internetseiten. Das Internet stellt dafür unbe- grenzt Platz und Möglichkeiten zur Verfügung.

1.11.1 Online-Märkte

Ein Angebot zur Linkwerbung, das seinen Ursprung in den Zeitungen finden lässt, ist das Inserieren bei Anzeigenmärkten. Im Vergleich zu Printanzei-
gen sind die Kleinanzeigen im Internet aber überwiegend kostenfrei schaltbar.
Online-Marktplätze gibt es im Überfluss. Geben Sie bei einem Suchdienst
einfach den Begriff „Anzeigenmarkt" oder „Kleinanzeigen" ein und Sie bekommen eine grosse Auswahl zu Ge- sicht. Häufig hat auch die lokale Zeitung
einen Internetauftritt mit Anzeigenmarkt. Aber auch viele überregionale Zeitungen und Zeit- schriften beinhalten auf Ihrer Website einen interessanten
Marktplatz. Die wirkliche Kunst besteht mehr darin, seriöse und nutzbringende
Anzeigenmärkte herauszufiltern und nur dort zu inserieren. Welcher Anzeigenmarkt kommt aber in Frage? Eine Anzeige ist nur dann von Nutzen, wenn
Sie auch gelesen wird. Eine Hauptvoraussetzung müs- sen also Besucher sein.
Und das bunte Treiben vieler tausend Besu- cher ist unverkennbar. Es herrscht
Bewegung auf der Website! Einige Anzeigenmärkte blenden sogar die Anzahl
der Besucher in Echtzeit ein, die sich augenblicklich auf der Site befinden.
Andere wiederum bieten zusätzliche Kommunikationsmöglichkeiten unter den

Mitglie- dern an. Sehen Sie sich einfach mal etwas auf dem Marktplatz um. Dabei können Sie gleich einmal in den Kategorien des Marktplatzes schauen, ob die Anzeigen zu Ihrer Website oder Ihren Waren und Dienstleistungen passen und gefunden werden können. Bevor Sie dann inserieren, sollten Sie die Nutzungsbedingungen lesen. Nicht alle Anzeigenmärkte sind wirklich kostenlos. Und nicht alles ist er- laubt! Um auch den Erfolg Ihrer Anzeigen im Auge behalten zu kön- nen, sollten Sie sich zunächst auf fünf maximal zehn verschiedene Kleinanzeigenmärkte fokussieren. Später können Sie daraus eine Auswahl der effektivsten treffen und eventuell weitere Marktplätze hinzuzie-hen.

Die Aufgabe der Kleinanzeigen läuft fast immer nach dem gleichen Schema. Sie tragen in einem Onlineformular einige Angaben zu Ihrer Person, zur Website und zum Angebot ein. Darauf folgt der Text der Kleinanzeige mit einem Link. Eventuell erhalten Sie dann noch eine E-Mail zur Bestätigung. Sicherheitshalber sollten Sie an- fangs nicht Ihre wichtigste E-Mail-Adresse angeben. Denn auch hier gibt es viele Betreiber, die zu Werbezwecken mehr an Ihrer Maila- dresse als an einer Veröffentlichung Ihrer Anzeige interessiert sind. Im Voraus können Sie diese Marktplätze höchstens an der Qualität der bereits publizierten Inserate herausfiltern.

1.11.2 Spezielle Verzeichnisse

Unerlässlich für den professionellen Homepage-Betreiber ist die enge Zu-sammenarbeit mit themenverwandten Verzeichnissen. Egal ob Sie nun einen Shop anbieten oder einen Ratgeber veröffentlichen, Sie werden immer einige Webseiten finden, die sich auch mit Ihrer The- matik beschäftigen und dazu Recherchen anstellen und Beiträge, Meinungen und Newsletter herausgeben. Internetnutzer sind auf diese kleinen aber feinen Verzeichnisse angewiesen, weil Sie wissen, dass Sie es mit Kennern der Materie zu tun haben und sich auf deren Wis- sensvorsprung verlassen können. Die Herausgeber der Verzeich-nisse sind aber gleichzeitig darauf angewiesen, nur die neuesten und wich-tigsten Informationen an die Nutzer weiterzugeben. Für Sie als Ho- mepage-Betreiber ergibt sich daraus der Vorteil, dass Sie auf eine kostenlose Erwäh-nung im Newsletter und der Website hoffen können, wenn Sie dem Verzeich-nis Besonderheiten oder Neuigkeiten mittei- len. Dazu genügt meistens schon eine direkte E-Mail oder ein Anruf. Übrigens, bei einer E-Mail sollten Sie immer eine personalisierte An- rede voranstellen, sonst kommt beim Empfänger schnell der Verdacht eines Massenmailings (Spam) auf und Ihre Mühe war vergeblich.

1.11.3 Content-Links

Gelegentlich werden sicherlich auch Sie zufällig auf Webseiten sto- ssen, bei denen Sie sich denken, dass Ihre Homepage hier einfach erwähnt werden muss.

Gehen wir nur von dem Beispiel aus, dass Sie auf Ihrer Ho- mepage alte Bücher aus Uromas Zeiten vorstellen, näher beschreiben und zum Verkauf anbieten. Dann wäre auf einer Internetseite, die sich gerade mit dem Thema Antiquitäten beschäftigt, ein Link zu Ihrer Homepage unersetzbar. Es hat sich erst kürzlich herausgestellt, dass gerade Linkverweise inmitten eines Textes der Internetseite eine sehr wertvolle Werbung darstellen. Der Unterschied zu den sonst üblichen Anzeigeplätzen ist, dass der Werbelink zum Bestandteil des Seitenin- haltes (Contents) wird.

Sei es, weil Sie die gleiche Zielgruppe ansprechen oder weil Ihre Home- page an der Stelle sehr hilfreich für Besucher sein könnte. Sie sollten sich die Chance nicht nehmen lassen und auf jeden Fall einen Kontakt zum Verfasser wagen. Und wenn dem Verfasser Ihre Homepage ganz gut gefällt, können Sie manchmal schon einen ko- stenlosen Linkverweis dabei herausschlagen. An- sonsten schafft eine angemessene Bezahlung Abhilfe. Vereinbaren Sie für die Einbindung des Links entweder einen Festbetrag oder einen Preis pro vermit- tel- tem Besucher („pay per Click").

1.11.4 Newsletter-Anzeigen

So werbewirksam wie die Inhalte einiger Internetseiten können auch die dazu verfügbaren Newsletter sein. Bevor Sie aber in Erwägung ziehen, in ei- nem Newsletter zu inserieren, sollten Sie prinzipiell zu- nächst selbst ein Abonnement empfangen. Der Bezug sollte kostenlos sein. Sie können sich so einen Blick darüber verschaffen, welche Qualität der Inhalt aufweist und ob

Ihre Werbung auch hier auf das richtige Publikum trifft. Welche Anforderungen heute an einen fach-

gerechten Newsletter gestellt werden, haben Sie ja bereits einige Ka- pitel zuvor erfahren.

Auch bei Newslettern lässt sich mit den Herausgebern reden. Eine kostenlose Erwähnung ist keine Seltenheit. Zumindest, wenn Ihre Homepage eine Zweckdienlichkeit zum bezogenen Thema auf- weist. Die Höhe der Bezahlung für eine Anzeige im Newsletter hängt von vielen Kriterien ab. Einen allgemeinen Richtwert können Sie daher kaum errechnen. Beachten Sie, dass es sich nicht immer um einen typischen Newsletter handelt! Oftmals erhalten Sie vielmehr ein Mailing aufgrund einer Mitgliedschaft in einer Gemeinschaft (Com- munity). Während Sie einen Newsletter nur mittels der Eingabe einer Mailadresse bestellen, müssen Sie im Antragsformular für eine Mit- gliedschaft auch Adressdaten angeben. Die Aktivitätsbeteiligung in- nerhalb einer Community ist ausserdem höher. Neben der Anmeldung kann auch der Bestätigungsprozess in Art und Umfang die Qualität eines Mailings steigern. Unter Werbefachleuten ist im Zusammen- hang mit E-Mail-Marketing des öfteren von -Permission Marketing-, -Opt-In- und -Double Opt-In- zu hören. Weiterhin entscheiden selbstverständlich Zielgruppe, Empfängerzahl, Platz und Länge über den Preis einer Anzeige. Anhand dieser Fakten sollten Sie erkennen, ob der vom Herausgeber verlangte Preis für eine Anzeige gerechtfertigt oder unangemessen ist.

1.11.5 Meinungsportale

Für Jeden ist wichtig, was der Andere denkt. Denn Meinung zählt. Wenn Sie einen Einkaufsbummel mit Freunden durch die Stadt ma- chen, fragen Sie, was die Anderen von Ihrem Kaufvorschlag halten. Nicht anders im Internet! Genau zu diesem Zweck haben sich in den letzten Jahren die ersten Meinungsportale im Netz entwickelt. Besu- cher können Meinungen lesen, schreiben und untereinander austau- schen. Sowie Bewertungen verteilen und ansehen. Dabei sind alle Produkte, Waren und Dienstleistungen des täglichen Lebens gefragt. Und dazu gehören eben auch Webseiten. Entweder direkt auf der

Startseite des Portals oder innerhalb der ausgewählten Kategorie fin- den Sie fast immer einen Verweis, wo Sie Anbieter zur Bewertung vorschlagen können. Füllen Sie das Formular aus und mit etwas Glück können Sie Ihre Homepage einige Tage später im Meinungs- portal wiederfinden. Die Aufnahme im Portal bringt aber nicht nur neue, kostenlose Besucher mit sich, sondern sagt Ihnen, was andere über Ihre Homepage denken. Das sollten Sie nutzen und umsetzbare Verbesserungsvorschläge realisieren. So erhöhen Sie Ihre Bewertung und zeigen, dass Sie mit dem Fortschritt gehen und sich nicht im Stillstand befinden.

1.12 Bannerwerbung

Trotz grösster Bemühungen der Werbeindustrie hat sich auch bis dato keine Werbeform im Internet so durchsetzen können, wie das Banner. Das Werbebanner ist unangefochtene Nummer eins in der Akquisiti- on um Besucher und Kunden im Netz. Mehr als ein Dutzend völlig verschiedener Bannerarten in den gegensätzlichsten Farben und un- möglichsten Formaten werden auf den Internetnutzer losgelassen. Mouse-Move-Banner, HTML-Banner, Explosion-Banner, Bouncing- Banner, Expaning-Banner, Big-Size-Banner und Rich-Media-Banner sind nur ein paar der neueren Bannerarten darunter. Die einen haben mehr Erfolg und die anderen weniger. Aber was ist ein Werbebanner? Grafikdesigner nennen es das Aushängeschild einer Firma und seiner Homepage. Tatsächlich ist es eine klickbare Werbefläche, die auf Internetseiten und in E-Mails (HTML-Format) eingeblendet wird. Unterscheiden wollen wir Werbebanner in zwei Erscheinungsweisen: - *statisch*

- *animiert*

Ein statisches Banner ist unbewegt und still. Es besteht im Grund aus einem Bildobjekt, das ohne Unterbrechung angezeigt wird.Das animierte Banner hingegen enthält mindestens eine Bild- bewegung. Je nach Umfang der Bewegungsabläufe müssen entspre- chende Einzelbilder enthalten sein. Gut vergleichbar mit einem Film- streifen ergeben die erstellten Einzelbilder beim schnellen Abspulen später eine kurze Animation. Ausserdem können Bewegungen noch durch Flash, Shockwave, Java, Dynamic HTML und anderen Techni- ken gestaltet oder unterstützt werden.

1.12.1 Bewährte Bannerformate

Klar, Werbebanner können Sie in allen nur möglichen Grössen erstel- len. Bei Webgrafiken wird die Grösse   also die Masseinheit   in Pixel gemessen. Diese Masseinheit finden Sie auch in den Einstellun- gen Ihrer Bildschirmanzeige wieder. Jeder Pixel entspricht einem Bildpunkt. So ergibt die vertikale und die horizontale Anzahl der Bildpunkte Aufschluss über die exakte Höhe und Breite eines Bildes. Die Masseinheit in Pixel ist aber nur dort anwendbar wo die Ausgabe ebenfalls in Pixel erfolgt. Also an Bildschirmen. Beim Druck bei- spielsweise wird in dpi (Dots per Inch) gemessen. Je höher die Dichte der druckbaren Punkte, desto präziser wird die Auflösung des ge- druckten Bildes auf dem Papier. Aus diesem Grund eignen sich ur- sprüngliche Webgrafiken ohne Weiterbearbeitung nicht optimal für den Druck.

Bei dem reichlichen Einsatz von Werbebannern haben sich einige Banner-formate besonders durchgesetzt:

- Voll-Banner (Fullsize) 468 x 60 Pixel

- Halb-Banner (Halfsize) 234 x 60 Pixel

- Drittel-Banner 156 x 60 Pixel

- OMS-Banner 400 x 50 Pixel

- Button 88 x 31 Pixel

Das Voll-Banner, auch Fullsize-Banner genannt, führt nahezu auf allen Internetseiten den Standard an. Viele nennen es daher auch Standard-Banner. Wie der Name schon vermuten lässt, ist das Halb- Banner nur halb so breit. Es ist aber trotzdem sehr begehrt und findet ständig neue Freunde. Warum ein grosses Banner verwenden, wenn auf der gleichen Fläche auch zwei Banner Platz haben? Das denken zunehmend viele Homepage-Betreiber und nutzen deshalb lieber dieses Format. Nicht so allerdings beim Drittel-Banner, das logischer Weise ein Drittel der Breite des Voll-Banners einnimmt. Gleich drei anstelle eines Banners anzeigen bedeutet nicht nur zu viel Animation, sondern auch zu viel Ladezeit für die Bildobjekte. Das dürften zu-

mindest die Hauptgründe für die eher ablehnende Haltung des Forma- tes sein. Das OMS-Banner, das auch in der Masseinheit 400 x 40 Pi- xel bekannt ist, wird nur noch selten gesehen. Es ist noch schmaler und lässt deshalb nur schwer eine attraktive Werbebotschaft zu. Der Renner ist dafür das Button. Schön klein, gut gestaltet und nicht so übermässig braucht es nur wenig Ladezeit und kann trotzdem z.b. am Ende einer Internetseite frappant angezeigt werden.

1.12.2 Bannererstellung und -gestaltung

Um an das eigene Werbebanner zu kommen, gibt es verschiedene Wege. Sie können Grafikdesigner beauftragen, sich ein Grafikpro- gramm kaufen oder sich innerhalb von Minuten im Internet selbst das eine oder andere Banner basteln. Die praktischste Lösung ist ohne Frage einen Auftrag an die Grafikdesigner zu geben. Damit hat man den Kopf frei für Wichtigeres. Nicht jeder kann sich aber diesen pro- fessionellen und gut bezahlten Service leisten. Abhilfe schafft dann eine Grafiksoftware. Die Programme sind meist schon für ein paar Euro im Kaufhaus oder direkt im Internet zu bekommen. Oft können Sie sich zunächst eine Testversion auf der Homepage des Herstellers herunterladen. Wer Computerzeitschriften abonniert oder sich gele- gentlich kauft, findet auf der beigefügten CD-Rom auch regelmässig die Testversionen der neuesten Programme. Die Arbeitsweise der günstigeren Programme ist sehr identisch und mit den beigepackten Erklärungen, Hilfetexten und Handbüchern gut erlernbar.

Wie sollte das Werbebanner gestaltet sein? Das fragt sich zu- nächst jeder Grafikdesigner. Um das entscheidend beantworten zu können, muss man auch wissen, was das Banner bewirken soll. Mar- ketinggelehrte sprechen heute davon, dass zwar der Nutzer damit di- rekt zum Anklicken des Banners und zum Besuchen der Website animiert wird, langfristig aber auch ein Markenimage auf- und ausge- baut werden soll. Die einfachste Lösung diese Urteilskraft in die Tat umzusetzen, ist das Übertragen des Designs der Homepage in das Grundgerüst des Werbebanners. Sie benutzen also die gleichen oder

ähnlichen Farben und Schriftarten. Dazu binden Sie das Logo, auf die Grösse des Banners reduziert, mit ein. Bei der Werbebotschaft ist Kreativität gefragt. Provokativ, kunstvoll, mit Stil oder klassisch mit bescheidener Animation. Das hängt nicht zuletzt davon ab, womitsich Ihre Homepage beschäftigt und an welche Zielgruppe sie sich richtet. Provokant erreichen Sie mit kontrastreichen und stechenden Farben, grosser Schriftart und viel Animation. Das genaue Gegenteil - nämlich stilvoll - wiederum mit wenigen Grundfarben, wenig Text, kleiner Schriftart auf grossem Hintergrund und weichen Bewegungs- übergängen. Der Werbetext muss prinzipiell fehlerfrei sein und soll Ihre Zielgruppe ansprechen. Er macht neugierig und verführt. Das gesamte Konzept Ihrer Homepage steckt hinter diesen wenigen Wor- ten. Trotzdem darf der Werbetext noch nicht zu viel verraten. Er muss nachher vom eigentlichen Inhalt der Internetseite ablenken und den Betrachter zu einer Interaktion bewegen können..

Ohne einem kleinen Beispiel möchte ich Sie hier aber nicht alleine stehen lassen:

Der Text des Banners ...

Was haben ein Puffbesuch und ein Bungee-Sprung gemeinsam?

Zusätzliches PopUp-Fenster, das sich nach Anklicken des Banners geöffnet hat ...

Beide kosten ungefähr gleichviel, der Höhepunkt dauert jeweils nur wenige Sekunden, und wenn das Gummi nicht hält, gehst Du in beiden Fällen drauf.

Bei Ciao wissen Sie schon vorher, ob Produkte das halten, was Sie versprechen. Über 2,5 Mio. Erfahrungsberichte von Verbrauchern zu beinahe jedem Produkt - von Autos bis zu Kondomen - und jeder Dienstleistung bieten den besten Alltagstest!

Und nicht nur das: Ciao liefert Ihnen auch den besten Preis zu den Produkten!

Aber sehen Sie selbst ...

Ich hoffe, Sie verzeihen mir den kurzen Ausflug in die zunächst etwas „horizontale" Ausdrucksweise und Darstellung. Aber wie Sie selbst sehen können, es waren nicht meine Worte. Dennoch handelt es sich aber um einen genialen und sehr wirkungsvollen Werbetext. Wer erst die Frage auf dem Banner gelesen hat, will mit hoher Wahrschein- lichkeit auch die Antwort dazu wissen. Eine Interaktion ist also damit sicher. Gleichzeitig sorgen Antwort und Ergänzungstext für die Ver- deutlichung des Grundkonzeptes. Dem Leser werden indirekt Zweck, Qualität und Umfang der Homepage vermittelt. Der Leser sieht durch die Homepage eine grosse Erleichterung und einen besonderen Nutz- wert. Gut möglich also, dass der Leser zum Stammkunden wird und auch vor den nächsten Warenanschaffungen oder Nutzungsverträgen einen Blick in die Erfahrungsberichte dieser Website riskiert.

Verweise

Mit dem 1 & 1 Bannergenerator können Sie sich schnell und kosten- los ein eigenes Werbebanner Online erstellen:

http://www.banner.de

Hier finden Sie Designer, die Ihnen kostenlos oder für eine kleine Gegenleistung Werbebanner erstellen:

http://www.kostenlos.de

1.12.3 Werbebanner offerieren

Für die Verbreitung der eigenen Werbebanner nutzt man nur noch selten den direkten Kontakt zu einzelnen Werbepartnern. Angesichts tausender Kleinstseiten, die je nur ein Geringes an Bannereinblen- dungen und Banner- klicks zusammenbringen, wäre die Organisation für eine gelungene Werbung ein schauderhaftes Unterfangen. Es bie- ten sich Bannernetzwerke an. Die Aufgabe dieser Vermarkter liegt in der Zusammenführung von Werbekunden und Werbern. Als Werbe- kunde können Sie die Zielgruppe für Ihr Banner natürlich selbst defi- nieren. Ausgefeilte Vermarkter können die Zielgruppe bis in das kleinste Detail herausfiltern und so einen bestmöglichen Werbeerfolg zusichern. Einige Milliarden Seitenaufrufe (PageImpressions) zählen die grössten Bannernetzwerke allein in nur einem Monat. Ausrei- chend selbst für jede konzernbetriebene Werbekampagne. Dabei variieren je nach Technologie und Lösung auch die Tarife der Vermarktungsagenturen. Im oberen Segment sind wie überall keine Grenzen gesetzt. Im mittleren Segment sollten Sie nicht mehr als 20 Eurocent pro Bannerklick (pro Besucher) oder nicht mehr als 4 Euro pro Tau- send Bannereinblendungen ausgeben. Ein Teil des Geldes wird später an die Werber ausgeschüttet, die den freien Werbeplatz zur Verfü- gung gestellt haben. Den Rest - handelsüblich etwa 30 Prozent - behält der Vermark- ter für das gesamte Handling. Bei Ihrer Wahl sollten Sie gezielt darauf achten, dass der Vermarkter einen sicheren und schnellen Webserver zur Auslieferung der Banner (Adserver) verwendet, Ihnen ein Online-Kundenkonto einrichtet, in dem Sie Statistiken in Echtzeit abrufen können und Ihnen einen zuverlässigen und freundlichen Support bei Fragen und Problemen liefern kann. Schon vor Ihrem Buchungsvertrag sollten Sie eine umfangreiche, fachmännische Bera- tung bekommen können.

Verweise

Vermarktungsagenturen:

http://www.sponsornetz.de http://www.sponsor4you.de

Gesellschaften, die Adserver anbieten:

http://www.adlink.de http://www.adtech.de http://www.adsolution.de

1.13 Werbetausch

Eine Alternative zu bezahlten Werbeplätzen ist der Werbetausch. Völlig kostenlos zu neuen Besuchern und neuen Kunden! Das ist Sinn und Zweck beim Werbetausch. Jedenfalls, wenn man vom organisato- rischen Arbeits- und Zeitaufwand mal absieht. Und das sollten Sie immer mit einkalkulieren!

Das Grundprinzip ist relativ einfach. Sie schliessen Kooperation mit einem Tauschpartner und werben für ihn. Im Gegenzug muss der Tauschpartner seinen Teil der Kooperation einhalten und für Sie werben. Dabei werden die Besucher der einen Website auch zu Besu- chern der anderen Website. So entsteht jeweils ein Zuwachs an Traf- fic. Dabei begrenzt sich der Werbetausch nicht nur auf die Homepa- ge. Auch der Newsletter ist ein Werbeträger und kann für einen An- zeigentausch genutzt werden.

Das Prinzip ist aber nur dann fruchtreich, wenn auch beide Partner entweder Leser oder Besucher zum Tauschen besitzen. Es ist deshalb ein Trugschluss zu glauben, dass gerade der Werbetausch so sehr hilfreich für anfänglich wenig besuchte Webseiten wäre. Ein kurzes Beispiel veranschaulicht auch diesen Grundgedanken. Gehen wir davon aus, dass monatlich 1000 Personen Ihre Homepage besuchen. Für Ihren Tauschpartner haben Sie nun ein Standardbanner im Kopfteil   also im gut sichtbaren Bereich   Ihrer Homepage eingefügt. Bei einer maximalen Bannerklickrate von 2 % gegenüber den Einblendungen wären das insgesamt 20 Besucher für Ihren Tauschpartner. Nicht anders 20 Besucher mehr für Ihre Homepage, wenn Ihr Tauschpartner gleiche Besucherzahlen aufweisen konnte. Besser besuchte Webseiten sind im Werbetausch zwar gar nicht er- folgreicher, da die Bannerklickrate bei gleichem Werbemittel auch+/- 2 % betragen wird, doch das Resultat wird wenigstens bemerkbar. Bei 100.000 Besuchern auf der Homepage wären das immerhin dann schon 2000 Besucher für den Tauschpartner. Wir wollen an dieser Stelle keine weiteren Rechenexempel über die Erfolgsaussichten des Werbetausches statuieren. Da es sich überwiegend um eine kostenlose Werbeform des Besucherzuwachses handelt, sollten Sie den Wer- betausch einfach mal selbst ausprobieren.

Sie können sich Ihre Tauschpartner natürlich jederzeit selbst aussuchen und via E-Mail oder anders mit ihnen in Kontakt treten. Gleichfalls können Sie Werbemittel, Werbeplatz und Zielgruppe genau definieren, Auflagenzahlen erfragen und die einzelnen Bedingungen eines Werbetausches festlegen. Unter Betreibern mittelgrosser Webseiten ist es recht üblich, dass alle Einzelheiten relativ schnell per E-Mail geklärt werden. Vor allem, wenn es sich z.B. um einen bescheidenen Linktausch auf der Homepage handelt. Professionelle Betreiber werden die Einzelheiten in einem schriftlichen Vertrag ab- sichern wollen. Das hängt immer von der Werbeform und der Grösse und Philosophie des Partnerunternehmens ab. Wenn Sie Ihre Tauschpartner nicht unbedingt selbst auswählen möchten, können Sie dafür fertige Tauschsysteme im Internet nutzen. Alle diese Systeme bringen einen Pool an Mitgliedern zusammen, die am Tausch der jeweiligen Werbeform interessiert sind. Insgesamt gibt es 4 nennenswerte Tauschsysteme:

Banner-Tausch

Link-Tausch

Mail-Tausch

Exit-Tausch

Banner- und Link-Tausch

Bannertausch oder „Bannerexchange" ist das meistgenutzte Tausch- sys- tem. Entsprechend seinem Namen dient es dem Austausch von Werbebannern. Sie melden sich über das Onlineformular eines Ban- nertausch-Anbieters an und erhalten binnen weniger Minuten Zugang zum persönlichen Bereich (Ac- count). Dort legen Sie Ihre eigenen Banner und Verweise fest und kopieren einen Bannercode, den Sie anschliessend in den HTML-Code Ihrer Homepage einfügen. Nun noch den geänderten Quelltext auf den Webserver hochladen und fertig. Bei jedem Aufruf Ihrer Homepage erscheint nun ein Werbe-

banner eines Teilnehmers. Entweder gemessen an den Bannerein- blen- dungen oder an den Bannerklicks wird Ihr Werbebanner verhält- nismässig oft bei anderen Teilnehmern auf der Homepage angezeigt. Der eingebaute Link des Tauschsystems zählt dabei genau mit, um Ihnen einen gerechten Tausch zu ermöglichen. Wobei das Verhältnis (Ratio) an sich niemals 1:1 beträgt. Die Systembetreiber hätten sonst keine eigene Werbemöglichkeit mehr und wür- den auf den Kosten, die verursacht werden, sitzen bleiben.

Linktausch-Systeme (Linkexchange) sind eigentlich nichts anderes als der Bannertausch. Da man bei Linktausch-Systemen eigentlich keinen reinen Textlink tauscht, sondern ebenfalls Bildobjekte lädt. Es kann sogar soweit kommen, dass Sie gleich eine ganze Reihe undekorativer Bildobjekte anderer Teilnehmer laden sollen. Auf einer gut gestalteten Homepage wirkt das dann schnell überladen und spielerisch. Linktausch-Systeme sind deshalb vorwiegend etwas für den Hobby-Webmaster aber weniger für den berufsbedingten Webmaster.

Mail-Tausch

Mailtausch-Systeme (Mailexchange) sind ideal für Webmaster, die keine fremde Werbung auf Ihrer Homepage haben wollen. Dafür be- kommen Sie die Werbung der anderen Teilnehmer dann per E-Mail. Die eingehenden Werbebotschaften müssen Sie durch einen Klick in der Mail bestätigen und erhalten so eine vorgegebene Punktzahl. Hat sich Ihre Punktzahl irgendwann ausreichend summiert, können Sie die Punkte für einen eigenen Werbetext in den Mails eintauschen. In der Tat ist das eine sehr mühselige Angelegenheit und daher nur be- dingt als Werbetausch empfehlenswert.

Exit-Tausch

Beim Exit-Tausch wird ein speziell generierter HTML-Code in den Quelltext der eigenen Homepage eingefügt. Anschliessend der geän- derte Quelltext wieder auf den Webserver hochgeladen. Immer wenn nun ein Besucher die eigene Homepage verlässt, öffnet sich ein neues

Browserfenster mit der Homepage eines anderen Teilnehmers. In einem bestimmten Verhältnis wird wiederum die eigene Homepage geöffnet, wenn Besucher die Homepage anderer Teilnehmer verlas- sen. Den Besucher kann es schon stören, wenn sich beim Verlassen einer Homepage noch ein weiteres Browserfenster öffnet. Für das System spricht zwar, dass es sich immer um einen echten Besucher- tausch handelt. Dagegen aber, dass der Homepage-Besucher unaufge- fordert die Werbung hinnehmen muss. Der Besucher prägt sich das schnell ein und ruft Ihre Homepage nicht wieder auf. Die Folge: Weniger Wiederholungstäter. Deshalb will auch diese Tauschform gut überlegt sein, bevor sie eingesetzt wird.

Alles in allem ist der Bannertausch das einzig hinnehmbare und ak- zeptable Tauschsystem für Webmaster und Homepage-Besucher. Die Werbung ist unaufdringlich und jeder Bannerklick auf die fremde Webseite war vom Besucher gewünscht. Damit wird es zum effizien- ten Werbetausch.

1.14 Webringe

Ursprünglich wurde der Webring 1995 von einem amerikanischen Studenten entwickelt. Webringe galten seither als Orientierungshilfe im Internet. Ein Webring verbindet Websites eines Themas zusammen zu einem Ring. Jede Mitgliedsseite eines Webrings führt einen Link oder ein Banner zur nächsten Mitgliedsseite, sodass ein Kreis- lauf entsteht. Der Besucher kann von jeder beliebigen Mitgliedsseite in den Ring einsteigen und so alle Homepages dieses Webrings durchlaufen bis er wieder am Ausgangsort ankommt. Mehr als 63.000 Webringe bieten Besuchern schon heute eine Navigation zu jedem Thema und jeder Kategorie. Trotzdem konnten Webringe niemals die präzise Rechercheform der Suchdienste ablösen und entwickelten keinen reissenden Besucherstrom. Oftmals sind die Mitgliedsseiten der Webringe bei kostenlosen Webhostern gelagert, vollgepackt mit Werbebannern und laden nur langsam. Viele Homepages sind zwar themenspezifisch aber nur privat. Durchlaufen Sie deshalb einen

Ring, bevor Sie ihm beitreten. Die Teilnahme an einem Webring ist allgemein kostenlos und kann auf der Homepage der Veranstalter beantragt werden. Meistens kann man auch einen eigenen Webring gründen oder die Leitung eines Webrings übernehmen. In diesem Fall wird man als „Ringmaster"bezeichnet. Die Qualität jedes einzelnen Webrings hängt von seinem Ringmaster ab, der die Voraussetzungen und Bedingungen für die Teilnahme schafft.

1.15 Hit-, Top- und Ranglisten

Die Hitlisten (Toplisten, Ranglisten) im Internet arbeiten nach der gleichen Methode wie sie schon aus den Musikcharts bekannt ist. Jeder Interpret, der es mit seinem Lied in die deutschen oder internationalen Top-10-Charts geschafft hat, wird seine Bekanntheit dadurch noch einmal weiter steigern und seinen CD-Verkauf stärker voran- treiben. Er ist spätestens dann wirklich bekannt. Dieser Effekt macht sich auch bei den Teilnehmern einer Hitliste bemerkbar. Je weiter oben Sie in einer Rangliste stehen, desto mehr Internetnutzer werden sich für Ihre Homepage interessieren und sie besuchen. Die Rangliste ist natürlich öffentlich und listet alle teilnehmenden Homepages mit Seitentitel, Link, Beschreibung und kurzer Besucherstatistik. Die besten zehn oder hundert Plätze einer Hitliste werden in der Regel nicht nur mit einem Link sondern auch mit dem jeweiligen Werbebanner angezeigt. Das soll bei den Besuchern zusätzlich für Aufmerksamkeit sorgen.

Erfahrungsgemäss müssen Sie zur Teilnahme nur eine kurze Anmeldung auf der Homepage der Hitliste ausfüllen, ein eigenes Werbebanner anlegen und die Bedingungen akzeptieren. Daraufhin erhalten Sie einen HTML-Code, den Sie in den Quelltext Ihrer eige- nen Homepage einfügen. Mittels dieser sichtbaren oder unsichtbaren Grafik kann nun der Organisator der Hitliste bzw. sein technisches System die Besucherzahlen Ihrer Homepage auswerten und Sie ent- sprechend in der Rangliste platzieren. Die Rangliste wird alle paar Minuten aktualisiert. Haben Sie in einem Zeitabschnitt mehr Besucher als Ihre Mitbewerber hat dies eine Rangerhöhung zur Folge. An- derenfalls behalten Sie Ihre Platzierung oder müssen sogar Ränge abgeben.

Vielfach kann man im Internet Meinungen und Berichte dar- über lesen, wie sinnvoll Hitlisten als Werbeform seien. Leider ist das nur die halbe Wahrheit. Mal von der Tatsache abgesehen, dass die Anzahl der überhaupt noch tauglichen Hitlisten in kürzester Vergangenheit rapide abgesunken ist, verbreiten auch die übrigen kaum noch Nachfrage. Das hat zur Folge, dass der Besucheransturm selbst auf den Top-Plätzen der Hitlisten nur knapp ausfällt. Sowieso bleibt die Hoffnung auf ein paar Besucher mehr bei allen Webmastern aus, die Ihre Homepage auf weiter unten angesiedelten Plätzen sehen müssen. Um aber Plätze in der Hitliste gutmachen zu können, sind ja mehr Besucher auf der eigenen Homepage notwendig. Wie ein Teufels- kreislauf also, aus dem man nicht herauskommt. Ohne paralleler Eigeninitiative in Sachen Werbung ist ein besseres Ergebnis nicht erzielbar.

1.16 Communitys

Langfristiger Erfolg ist ein „muß" für die Existenz einer professionel- len Homepage. Und fast allen Homepage-Betreibern ist das auch be- wusst. Was aber tun, wenn der einfache Newsletter nicht mehr für die Kundenbindung ausreicht und die Stammbesucher bereits zu den Mitbewerbern überspringen?

Spätestens jetzt wird es Zeit dafür, eine weitergehende Lösung für die dauerhafte Besucher- und Kundenbin- dung zu finden Sehr erfolgreich zeigt sich inzwischen das Konzept der Communitys (eGroups). Betreiber der Communitys partizipieren von der aktiven Teilnahme und Nutzung ihrer Mitglieder.

Mitglieder erhalten Zugang zu umfangreichen Funktionen:

Profil

Profil Nachrichten Diskussionsforum HomepageChatDateienFotos und Bilder

Linkverwaltung Grafiken, Statistiken Umfragen Grußkarten Kalender, Termine Einladungen Einstellungen

Im persönlichen Profil kann das Mitglied z.B. eigene Interessen, ein Motto, Hobbys, Beruf, Alter, Wohnort und andere Informationen zur Person hinterlegen. Hier sollte auch einzustellen sein, wer die Berech- tigung erhält, das Profil einzusehen oder welche der Daten von ande- ren Community-Mitgliedern angesehen werden können.

Nachrichten

Mitglieder können aktuelle Nachrichten über den Newsletter bestellen und Meinungen dazu verfassen oder sogar selbst Artikel für den Newsletter schreiben und vorschlagen.

Diskussionsforum

Als Mitglied können Sie Diskussionsgruppen eröffnen oder in einem bereits bestehenden Forum Fragen, Meinungen, Anregungen und Vorschläge eintragen und auf die direkten Reaktionen anderer Mit- glieder gespannt sein.

Homepage

Jedes Mitglied kann sich kostenlos eine eigene Kurz-URL zulegen und mit etwas Speicherplatz Webdateien auf den Server hochladen. Mit einigen Tools kann so schnell und einfach die eigene Homepage gebaut werden.

Chat

Im Chat können Sie sich virtuell und nahezu in Echtzeit mit anderen Mitgliedern unterhalten, flirten oder nicht-öffentliche Nachrichten verschicken. Ein Chatraum ist meist auf 20 bis 30 Mitglieder be- schränkt. So kann problemlos jedes Mitglied zu Wort kommen.

Dateien

Mitglieder können bereitgestellte Dateien abrufen und herunterladen. Ebenso aber auch eigene Dateien zum Download zur Verfügung stel- len. So können bequem Spiele, Lieder, Bildschirmschoner und andere

kleinere Dateien und Programme getestet und hinterher bewertet wer- den.

Fotos und Bilder

Ob elektronisches Fotoalbum, Pictausch (Bildertausch) oder künstle- rische Galerie. Die Einfachheit, Fotos und Bilder innerhalb weniger Sekunden um die ganze Welt gehen zu lassen, fasziniert   alte Hasen   noch genauso wie Neueinsteiger und ist deshalb sehr begehrt bei vie- len Communitys.

Linkverwaltung

Sich und Anderen die Lieblingslinks (Favoriten) präsentieren oder Verweise zu besonderen Themen weitergeben und verwalten. Sie können jederzeit neue Links hinzufügen oder vorhandene Links ab- ändern oder löschen.

Grafiken, Statistiken

Mittels einiger Vorlagen können Sie formschöne Tabellen mit Daten füllen und Diagramme zur Community oder Themengebieten aus- wählen und anlegen. Eine wichtige Funktion, wenn Sie Wirtschafts- daten, Vergleiche, Telefonbücher oder andere Seriendaten aushängen wollen.

Umfragen

Mit einer Umfrage können Sie schnell und ohne grossen Aufwand die Meinung anderer Mitglieder erfragen. Mitglieder können an den Um- fragen teilnehmen und jeweils eine Stimme abgeben. Schliesslich kann sich jeder die Umfrageergebnisse anzeigen lassen.

Grußkarten

Jemandem einen originellen Gruss zukommen lassen? Nichts einfa- cher als das! Mit digitalen Grusskarten können Sie Geburtstagswün-

sche, eine Liebesbotschaft, Genesungswünsche, Entschuldigungen oder ein Dankeschön überbringen.

Kalender, Termine

Teilnehmer jeder eGroup können Termine in einen Kalender eintra- gen und so die zugehörigen Mitglieder an wichtige Treffen, Veran- staltungen, gemeinsame Vorhaben und Neuigkeiten erinnern. Die Überwachung und Erin- nerung des Kalenders kann auch per E-Mail erfolgen.

Einladungen

Funktion zum Einladen neuer Mitglieder, die über einen Link per E- Mail direkt zur kostenlosen Anmeldung der eGroup geführt werden. Mitglieder können damit beispielsweise Freunde, Verwandte, Be- kannte und Arbeitskollegen an der eGroup teilhaben lassen.

Einstellungen

Optionen zur Einstellung von Datenanzeige und Farbabstimmung.

Obwohl eGroups den Erfolg ständig wiederkehrender Besucher mit sich bringen, zeigt schon der Umfang der möglichen Funktionen, dass auch sehr viel Arbeit auf den Betreiber der Community zukommen würde. Alleine von der Konzeption bis zur Fertigstellung einer Com- munity dieses Umfanges wären Wochen oder gar Monate nötig. Selbst nach Eröffnung machen Support, Überwachung, Ausbau, Sponsorensuche, Werbeverkauf und ständige Erweite- rungen und Ak- tionen mindestens ein kleines Team notwendig. Von einem einzigen Webmaster kann eine Community nur begrenzt aufgebaut, gepflegt und betreut werden. Deshalb bietet sich zunächst die Lösung an, die Funktio- nen ausgereifter Anbieter für eine eigene Community zu nut- zen. Weltweite Dienste wie etwa YAHOO oder AOL bieten Ihnen fertige und ausgereifte Funktionen, die in den Webseiten oder der

Software integriert sind. Schnell können Sie die einzelnen Funktionen einrichten und erhalten dabei Support von erfahrenen Profis. Auf Ih- rer Homepage können Sie dann auf die eingerichteten Funktionen wie etwa Chat, Forum oder Umfrage verweisen. Zwar werben Sie bei dieser Vorgehensweise auch immer etwas für die Anbieter, dafür bleibt Ihnen aber die gesamte technische Umsetzung und ein Grossteil der Mitgliederfragen (Support) erspart. Ausserdem wächst Ihre Community zusätzlich durch Mitglieder und Besucher des Dienstes. Wenn Ihre eGroup dann schon ein grösseres Volumen angenommen hat und Sie etwas Kapital zur Seite geschafft haben, können Sie immer noch den Aufbau einer komplett selbst verwalteten Community in Erwägung ziehen. Sie können etwa eine Firma zur Erstellung einer Software oder einer Community-Website beauftragen.

1.17 Online-Auktionen

„Der Preis bildet sich auf dem Markt durch das Verhältnis von An- gebot und Nachfrage".

Nach diesem oder zumindest einem so ähnlichen Leitsatz sollen auch die Studienfreunde Christoph Linkwitz, Stefan Glänzer und Stefan Wiskemann 1997 gehandelt haben. Warum einen festen Verkaufs- preis zahlen, wenn dem Käufer das Produkt weniger oder vielleicht sogar mehr wert ist? Es scheint doch angemessener, den Preis eines Produktes aus der Kaufbereitschaft der potenziellen Kunden zu ermit- teln. Und wo sonst ausser im Internet könnten daran unbegrenzt viele Personen mitentscheiden? Nach diesen Überlegungen testeten Link- witz, Glänzer und Wiskemann noch im gleichen Jahr mit über- ragen- dem Erfolg die ersten Live-Auktionen im Internet. Mit Spannung und Begeisterung sollen gleich zu Beginn über 2000 Menschen mitgebo- ten ha- ben. Aus den Tests wurde nun ein Geschäft und am 21. Juli 1998 wurde die Online-Auktion ricardo.de gegründet. Mit dem Bör- sengang am 21. Juli 1999 konnte ricardo.de sein Geschäft auch in andere europäische Länder ausweiten. Seit dem Zusammenschluss mit dem britischen Online-Auktionshaus QXL am 28. November 2000 ist das Unternehmen QXL ricardo plc mit 2,9 Millionen Mit- gliedern das in Europa am weitesten verbreitete Online- Auktionsnetz- werk.

Der Ursprung aller virtuellen Hammerschläge ist allerdings keinesfalls in Deutschland zu finden, sondern wie so häufig in den USA. Pierre Omidyar gründete im September 1995 einen Treffpunkt im Internet zum Austauschen von Sammlerstücken. Eigentlich beruhend auf einer Unterhaltung mit seiner Ehefrau, einer leidenschaftli- chen Sammlerin von Kautablettenspendern. Heute ist dieser Treff- punkt und weltweit grösste Online-Marktplatz unter dem Namen „e- Bay" bekannt. Über 10 Millionen Artikel weltweit - davon alleine Zugriff auf 1 Million Artikel von Deutschland aus - umfasst das An- gebot.

Online-Auktionen gehören zu den begehrtesten Verkaufsmethoden im Internet. Weil sie nicht nur das öde katalogisieren von Warengruppen und Artikeln veranschaulichen, sondern durch niedrige Gebote eine Kauflaune bei den Schnäppchenjägern hervorrufen. Nicht zuletzt auch, weil der Interessent nicht erst den Mut zum Feilschen überwinden muss, sondern mitbieten kann, wo und wann immer er einen lohnenswerten Tiefpreis erkennt.

Viele Webmaster setzen ausschliesslich auf Auktionen, da das Anbieten von Produkten und Leistungen unkompliziert aber dennoch gewinnbringend sein kann. Nur Verkäufer und potenzielle Kunden treffen in der Online-Auktion aufeinander. Üblich ist, dass die Teil- nahme sowohl für Verkäufer als auch für Bieter zunächst kostenfrei bleibt. Erst wenn ein Produkt oder eine Leistung erfolgreich an einen Käufer versteigert wurde, zahlt der Verkäufer einen Prozentanteil des Verkaufspreises ans Auktionshaus. Eine solche erfolgsbasierende Provision oder Werbekostenerstattung ist allemal legitim. Es gibt aber auch Online-Auktionen, die nichts kosten oder wieder andere mit pauschaler Abrechnung. Deshalb gilt prinzipiell, die Bedingungenund Arbeitsweisen der Auktion vor der Nutzung genau kennenzuler- nen! Informieren Sie sich auch, ob eine Echtheitsprüfung der Aukti- onsmitglieder (Benutzervalidierung) durchgeführt wird. Gerade unbe- achtete und mässigere Online-Auktionen lassen viel zu leicht Betrug durch falsche und ungültige Identitäten zu. Generelle Schwachstellen bei den Auktionshäusern sind hingegen persönlicher Hilfeservice und Durchsetzung des Rechtsweges. Die grössten Auktionshäuser bieten nur selten Telefonsupport. Wenn überhaupt, dann nur über eine ko- stenpflichtige Servicenummer. Und das ist mehr Ausnahme als Re- gel! Genauso duster sieht es bei Problemen mit den Web-Geschäften aus. Wenn der Verkäufer nicht vereinbarungsgemäss liefert oder der Käufer nicht pünktlich zahlt bleibt oft nur noch der Gang zum

Rechtsanwalt. Kurzum müssen Sie Ihr Recht dann selbst durchsetzen. Trotz dieser Negativbehaftung bleibt der Ansturm auf die virtuellen Auktionshäuser unbeirrt und auch Sie sollten keineswegs auf deren Verwendung verzichten.

Bevor Sie Produkte in einer Online-Auktion anbieten, sollten Sie wenigstens die wichtigsten Fachbegriffe dieser Branche erlernen:

Bieter

Als „Bieter" werden aktive Teilnehmer einer laufenden Auktion bezeichnet. Man könnte sie auch potenzielle Käufer nennen. Dem ge- genüber steht der Verkäufer oder Anbieter mit seinem Artikel.

Gebot

Der gegenwärtige Preis und der zur Ersteigerung abzugebende Preis einer Ware oder Dienstleistung innerhalb einer laufenden Auktion wird „Gebot" genannt.

Eröffnungsgebot

Auch als „Anfangsgebot", „Startpreis" oder „Mindestgebot" bekannt. Der vom Verkäufer festgelegte Preis, der erreicht oder überschritten werden muss, bevor ein Höchstbieter festgestellt werden kann.

Höchstgebot

Das „Höchstgebot" bezeichnet den Preis, den ein Bieter höchstens innerhalb einer laufenden Auktion mitsteigert.

Auto-Gebot

Wenn Sie bereits ein Gebot für eine laufende Auktion abgegeben ha- ben aber den weiteren Verlauf nicht mitverfolgen können, haben Sie die Möglichkeit, die „Auto-Gebot"-Funktion bzw. den „Bietagenten" einzuschalten. Sie geben einfach Ihr persönliches Höchstgebot für diesen Artikel an und bieten dann automatisch immer gerade so viel, dass Sie Höchstbietender bleiben und zwar bis Ihr für die anderen Mitbieter verdecktes Höchstgebot erreicht ist oder Sie natürlich vor- zeitig die Auktion als Gewinner beenden.

Mindestpreis

Bestimmt den Preis, den der Verkäufer auf jeden Fall erzielen will. Darunter ist der Abschluss für den Verkäufer nicht bindend. Sinn des für den Bieter unsichtbaren Mindestpreises ist es, die finanziellen Interessen des Verkäufers zu schützen und Waren oder Dienstleistun- gen nicht zu ungerechten Preisen zu verhökern.

Absolutverkauf

Charakterisiert einen Artikel ohne oder mit übertroffenem Mindest- preis. Der Verkäufer ist jetzt vertraglich verpflichtet, den Artikel an den Meistbietenden zu verkaufen.

Reserve Price Auctions

Bezeichnet Auktionen bei denen Artikel mit einem Mindestpreis ge- startet werden können.

Zuschlag

Als „Zuschlag" wird die Ersteigerung eines Auktionsartikels benannt. Der Höchstbietende erhält sprachgebräuchlich „den Zuschlag".

Zuschlagspreis

Der „Zuschlagspreis" ist ein vom Verkäufer festgelegter Preis, zu dem der Artikel sofort verkauft werden kann. Käufern bietet das die Gelegenheit, nicht bis zum Ende einer Auktion warten zu müssen, um einen Artikel direkt zu ersteigern.

Dynamisches Schliessen

Bei diesem Verfahren wird die Online-Auktion verlängert, wenn in- nerhalb der letzten Minuten zum Auktionsende noch ein Gebot abge- geben wurde. Die Auktion verlängert sich dann so lange automatisch, bis innerhalb einer vorbestimmten Nachfrist kein weiteres Gebot mehr eingeht. Das Verfahren erhöht den Verkaufspreis weil jedes zum Ende der Auktion eingehende Gebot eine kurze Verlängerung verursacht und damit auf einen Erhöhungsschritt der Mitbieter oder das Interesse letzter Kaufwütiger schliessen lässt.

Nachdem Sie nun schon mal die wichtigsten Wörter in Sachen Onli- ne-Auktionen gehört haben, können Sie sich ein Auktionshaus her- aussuchen und Ihre erste Versteigerung wagen. Nach der Registrie- rung beim Auktionshaus erhalten Sie direkten Zugriff zum Verkäu- ferkonto. Hier können Sie nun die Details zum Artikel angeben und die Versteigerung anschliessend freigeben. Um nicht auf Anhieb ei- nen kompletten Reinfall zu landen, wollen wir mit einigen gesammel- ten Erkenntnissen Ihrem Glück dabei ein wenig auf die Sprünge hel- fen.

Geben Sie zunächst eine prägnante Überschrift und eine aus- führliche Beschreibung zum Artikel in die Felder ein. Orientieren Sie sich dabei nicht an der Wortwahl anderer Verkäufer, sondern schrei- ben Sie frei. Achten Sie darauf, dass Sie die wichtigsten Fakten in der Beschreibung unterbringen. Denken Sie mal umgekehrt! Welche An- gaben wären für Sie als Käufer uner- lässlich? Lässt die Online- Auktion eine Formatierung der Texte zu, dann markieren Sie den Titel in Fettschrift und unterstreichen Sie wichtige Passagen in der Beschreibung. Heben Sie unbedingt hervor, wenn es sich um einen neuwertigen Gegenstand handelt. Denn Neuware wird von Auktion- steilnehmern deutlich häufiger und höher honoriert. Als Gewerbetrei- bender sollten Sie auf Ihre Geschäftsbedingungen und die Ausferti- gung einer Rechnung hinweisen. In diesem Fall sprechen Sie auch an, wenn im Rechnungsbetrag gesetzliche Mehrwertsteuer erhoben wird. Der Käufer könnte diesen Betrag nämlich später als Vorsteuer vom Finanzamt zurückerhalten oder zumindest anrechnen, wenn er selbst ein Gewerbe unter Einbezug der Regelbesteuerung betreibt. Wenn Sie Fotos zum Artikel besitzen, geben Sie diese immer mit an! Versteige- rungen mit gut getroffenen Bildern werden immer bevorzugt bebo- ten. Jetzt können Sie noch zusätzliche Käufersympathien wecken, wenn Sie abschliessend Ihre Adresse, Telefonnummer und Informationenzu Garantie, Kundendienst bzw. Reparaturdienst anfügen. Um die Auktion zu starten, ge- ben Sie ein geringes Eröffnungsgebot, unbe- dingt einen Mindestpreis, Beginn und Ende der Auktion ein. Nun läuft Ihre Auktion! Eingehende Gebote können Sie im Verkäuferkon- to oder der Artikelseite mitverfolgen. Erhält ein Bieter nach Ablauf

der Auktion den Zuschlag, erhalten Sie eine E-Mail mit den exakten Per- sonalien des Käufers. Setzen Sie sich sofort mit ihm in Verbin- dung und klä- ren Sie gegebenenfalls die Einzelheiten der Vertragsab- wicklung. Etwa durch einen telefonischen Kontakt bauen Sie einer- seits eine freundliche Geschäfts- beziehung auf und sichern sich zudem gegen Identitätsmissbrauch ab.

Haben Sie die ersten Erfahrungen gesammelt, können Sie auch mehrere Auktionen gleichzeitig veranstalten und weitere Aukti- onshäuser mit einplanen. Wenden Sie einen grossen Teil der Rat- schläge an, können Sie einen beachtlichen Umsatz alleine durch On- line-Auktionen erreichen.

1.18 zShops

Alternativ oder ergänzend zum komplett eigenen Online-Shop können Sie sich bei Amazon.de einen „zShop" einrichten. Sie registrieren sich einmal als Händler und Verkäufer und können dann mit wenigen Mausklicks Ihren eigenen Shop konfigurieren. Legen Sie ein Firmen- profil, ein Logo, wichtige Schlüsselwörter und Ihre Produktpalette mit Einzelbildern an. Schon ist der eigene zShop eingerichtet.

Dadurch, dass zShops direkt in die offiziellen Webseiten von Amazon.de integriert sind, bekommen Sie mindestens hin und wieder ohne weitere An- strengung einige Käufer für Ihre Waren und Dienst- leistungen. Jedenfalls, wenn Sie sich als seriöser Anbieter erweisen und ein akzeptables Preis- Leistungsverhältnis vorweisen können. Erst wenn jemand eine Bestellung in Ihrem zShop tätigt, wird Ihnen eine Gebühr von Amazon.de berechnet. Solange bleibt der zShop für Sie kostenfrei.

Als registrierter „Power Anbieter" haben Sie zudem noch weitere Vorteile. Sie können aktuelle Händlerberichte herunterladen und mit dem „Amazon.de-Assistenten" bis zu 50.000 Artikel in Ihrem zShop anbieten. Auch in „Amazon.de Marketplace" und „Amazon.de Auktionen" genießen Sie damit vergünstigte Nutzung. Allerdings kostet Sie diese Erweiterung eine stattliche Monatsgebühr. Zwar rechnet sich diese schnell, wenn man einige Verkäufe im Monat ab- schliessen kann, aber etwas Erfahrung aus dem einfachen Händlersta- tus kann ja zuvor nicht schaden. Wenn Sie über einen Zeitraum von mehreren Monaten feststellen, dass Ihre Produkte einen kontinuierli- chen Absatz finden, können Sie diese Funktionen immer noch schnell zukaufen. Zu den Voraussetzungen gehören ohnehin eine reibungslo- se und schnelle Lieferung, eine gute Verkäuferbewertung und die Verfügung über Microsoft Excel.

Innovative Werbeformen

Die Schnelllebigkeit des Internets durch ständigen Fortschritt und die unaufhaltsame Weiterentwicklung lassen auch immer neue Methoden im Online-Marketing erscheinen. Im Vergleich zu den   herkömmli- chen Werbeformen zeichnen sich die innovativen Werbeformen dadurch aus, dass sie in ihrer Art und Weise eher unkonventionell und vor allem nicht so arg verbreitet sind. Das kann sowohl an der Schwierigkeit der Umsetzung als auch am Kosten-Nutzen-Effekt lie- gen. Diese innovativen Werbeformen sind zwar vielversprechend aber nicht unbedingt für jede Homepage und jedes Angebot geeignet. Sie können langfristig bestehen bleiben oder teilweise nur zu einer Mode-erscheinung des Online-Marketings werden. Geschickte Marke- tingstrategen versuchen im Medium Internet immer wieder ihr Glück neue Sonderwerbeformen zu präsentieren und zu vermarkten. Und gerade Einsteiger sind oft bereit, risikoreiche Werbeformen auszute- sten. Wägen Sie also vorher ab, ob Sie wirklich in eine der „innovati- ven Werbeformen" Ihre kostbare Zeit und Ihr Geld investieren!

1.19 Unkonventionelle Werbeformate

Die überwiegende Werbefläche des Internets wird nach wie vor vom Standard- bzw. Voll-Banner bestimmt. Es zählt daher zu den bewähr- ten Bannerformaten. Die Einsatz- und Funktionsweise des Standard- banners wurde bereits innerhalb der herkömmlichen Werbeformen erläutert und näher beschrieben. Fortschritt und Technik lassen je- doch immer mehr Möglichkeiten zu, die Aufmerksamkeit des Inter- netnutzers durch neuartige Werbeeinblendungen abzulenken und auf das beworbene Produkt bzw. die Leistung zu konzentrieren.

1.19.1 Neue Bannergrössen

Einige grosse Unternehmen der Internetbranche, u.a. vereint im Inter- net Advertising Bureau (kurz: IAB) haben nun herausgefunden, dass vor allem grössere Werbeformate deutlich mehr Werbewirkung auf- weisen sollen. Und zahlreiche, weitere Studien und Tests unabhängig voneinander bestätigen diese Erkenntnis zusätzlich. Speziell das Er- innerungsvermögen und Markenbewusstsein soll bei dem Kontakt mit grösseren Werbemitteln gesteigert worden sein.

Aus diesem Grund möchte ich Ihnen hier einige der neueren und zum Teil noch ungewohnten Bannergrössen kurz vorstellen:

728 x 250 x 180 x 300 x 336 x 240 x 120 x 160 x

90 Super-Banner250 Square Pop-Up (übersetzt: quadratisches Pop-Up) 150 Rectangle (übersetzt: Rechteck)250 Medium Rectangle (übersetzt: mittleres Rechteck) 280 Large Rectangle (übersetzt: grosses Rechteck)400 Vertical Rectangle (übersetzt: vertikales Rechteck) 600 Skyscraper (übersetzt: Wolkenkratzer)600 Wide Skyscraper (übersetzt: grosser Wolkenkratzer)

Die Maßeinheit ist Breite mal Höhe gemessen in Pixeln. Von der Grösse abgesehen unterscheiden sich diese Bannerformate nicht von den Herkömmlichen. Auch nicht in der Herstellung. Jedes handelsüb- liche Grafikbearbeitungsprogramm sollte mindestens in der Lage sein, diese Bannerformate statisch (nicht animiert) zu erstellen. Viele werden aber auch bereits Animationen zulassen. Insgesamt sollte al- lerdings eine Dateigrösse von je 20K nicht überschritten werden. Da- zu sollte das Grafikprogramm über einen Bildoptimierer verfügen. Das optimiert -also verringert- die Dateigrösse und verbessert so die spätere Ladezeit des Objektes.

1.19.2 Flash Layers

Neben den neuen Bannergrössen gibt es aber auch noch eine ganze Reihe Werbeformate, die sich nicht allein wegen der Grösse von den bewährten Bannern unterscheiden, sondern vielmehr durch ihre be- sonderen Eigenschaften und die dafür eingesetzten Techniken.

So zum Beispiel das sogenannte Flash Layer . Ein Flash Layer ist ein Flashbanner, das sich für einen Zeitraum von höchstens 7 bis 10 Sekunden in einem DHTML-ähnlichen Effekt über den Con- tent (Seiteninhalt) legt und danach seine feste Form und Position zu- meist am Rand einer Webseite einnimmt. Das Flash Layer sollte wäh- rend der contentüberlagernden Position immer erkennbar und durch die Navigation am oberen Rand schliessbar sein. So behält der Betrachter der Werbung immer die volle Kontrolle und fühlt sich beim Betrachten des eigentlichen Seiteninhalts einer Webseite nicht wesentlich beeinträchtigt. Zu grossen Teilen kann das Flash Layer sogar durchsichtig sein, sodass der Betrachter auch während der Einblendung noch immer den Seiteninhalt lesen kann. Das unterstützt die Benutzerfreundlichkeit.

1.19.3 Multiple-Link-Banner

Das Multiple-Link-Banner ist technisch gesehen ganz sicherlich keine Sensation. Vielmehr besteht es üblicherweise einfach nur aus mehre- ren zusammengesetzten Bildobjekten. Dabei ist jedes Bildobjekt mit einem anderen Link verknüpft. Nehmen Sie beispielsweise zwei Halb-Banner oder drei Drittel-Banner, verbinden diese mit einem Link und fügen sie via HTML-Code zusammen so entstünde prak- tisch gesehen bereits ein Multiple-Link-Banner. Allerdings gibt es für das Multiple-Link-Banner keine Größennorm, sodass Sie auch Bil- dobjekte in anderen Grössen zu einem Multiple-Link-Banner zusammenfügen können. Das alleine wäre aber noch nicht im Sinne des Erfinders. Letzten Endes soll sich das Multiple-Link-Banner nach Positionierung der einzelnen Bildobjekte nicht mehr von einem ge- wöhnlichen Banner unterscheiden. Das heisst also, dass die einzelnen Objekte farblich aufeinander abgestimmt werden müssen, sodass für den Betrachter und User zum Schluss nur ein einziges sichtbares Banner zu sehen ist.

Nützlich ist ein solches Multiple-Link-Banner etwa für den Betreiber eines Online-Shops. Sie können das Banner dann nicht nur mit einem Angebot, sondern gleich mit mehreren versehen. Der User klickt dann auf das einzelne Angebot bzw. Bildobjekt und nicht mehr auf das ganze Banner. Entsprechend wird der User beim Klick auch mit der verlinkten Webseite des Angebotes verbunden und nicht mehr nur mit einem Link des ganzen Banners. Sinnvoll kann das Multiple- Link-Banner ebenso für Produktbeschreibungen, Leistungen, Flugzie- le, Reiseziele und vieles mehr sein. Sie können damit hervorragend gleich mehrere Angebote innerhalb eines Banners präsentieren und damit die Interaktion Ihrer Werbekunden steigern.

1.19.4 Interstitial

Interstitial bedeutet übersetzt etwa so viel wie „störende Werbung" oder „Unterbrecherwerbung". Das Interstitial erscheint in einer voll-

ständig eigenen HTML-Seite, sobald der User einen Link anklickt und eigentlich den angeforderten Seiteninhalt erhofft. Erst durch „weiter" klicken oder automatisch nach Ablauf einer bestimmten Zeit gelangt der User auf die eigentlich angeforderte Webseite. Sie könn- ten das Interstitial mit einer unvorhergesehenen Fernsehwerbung oder einer ganzseitigen Werbeanzeige in einer Zeitung vergleichen. Eine festgelegte Grösse für das Interstitial gibt es nicht. Die Einbindung erfolgt als statisches oder animiertes Bildobjekt oder in Form einer Anwendung (z.B. Rich-Media).

Das Interstitial stört also den User kurzzeitig bei seiner Erwartungs- haltung auf einen Seiteninhalt. Und das ist auch die Absicht des Inter- stitials.

Man möchte dann eine exklusive Werbung auf dem Bild- schirm anzeigen, wenn der User eine hohe Konzentration und Erwar- tungshaltung aufweist. So nimmt der User die Werbung vollständig wahr. Und das ausserdem ohne dass konkurrierende Inhalte davon ablenken könnten. Wie aber eben die Übersetzung schon vermuten liess, unterbricht bzw. stört diese Art der Werbung den User in ganz provokanter Form. Daher ist es nicht sonderlich ratsam Interstitials dort in die Webpräsenz einzubinden, wo der User eine Kaufentscheidung trifft oder eine Bestellung abgibt. Der User könnte verärgert oder bereits durch kleinste Fehler in der technischen Einbindung am Weiterkommen gehindert werden. Generell sind Interstitials deshalb nicht für Shopseiten und dergleichen zu empfehlen. Immer häufiger ist das Interstitial dagegen innerhalb redaktioneller und kostenloser Angebote im Netz zu beobachten. Hier zeigt der User am ehesten ein gewisses Verständnis für gelegentliche Werbung. Der Betreiber der Präsenz hingegen kann durch die Einbindung exklusiver Werbefläche das notwendige Einkommen zur Unterhaltung und Pflege der Websei- ten verdienen (sog. Cashflow).

1.19.5 Superstitial

Im Vergleich zum Interstitial lädt sich das Superstitial im Hintergrund auf den PC des Users, ohne dass dieser etwas davon mitbekommt. Automatisch oder erst durch Anklicken öffnet sich dann ein weiteres Browserfenster (Pop-Up) und spielt einen TV-ähnlichen Werbespot ab.

Das allgemeine Ziel des Superstitials ist es, Emotionen und Kaufanreize beim User zu wecken. Und das ist bei den bis zu 20 Se- kunden langen und bis zu 300 KB grossen Flashfilmen mit zusätzli- chem Sound sehr gut möglich. Dabei sind aber Superstitials noch zu weit mehr in der Lage. Denn Superstitials können interaktiv sein. So können beispielsweise Spiele oder Formulare enthalten sein, die eine direkte Teilnahme des Users erfordern. Also eine sogenannte Interak- tion. Mit dieser Vorgehensweise und technischen Möglichkeit ver- sucht die Werbeindustrie unter anderem auch auf das steigende Inter- esse am Markenbewusstsein (Branding) einzugehen.

Von Vorteil ist der Einsatz des Superstitials auf Internetseiten mit längerer Verweildauer, da die Ladezeit im Hintergrund etwas Zeit beanspruchen kann. Dabei kann die spezielle Technik der Firma Uni- cast auch grössere Elemente (z. B. HTML, GIF, JPEG und Flash) mit einbinden.

1.19.6 Sticky Ad

Das Sticky Ad ist ein Banner, das unverändert seine Position auf dem Bildschirm des Betrachters einnimmt. Es bleibt auch dann an gleicher Position auf dem Bildschirm, wenn der User den Seiteninhalt nach unten bewegt (scrollt). Es hat daher auch noch seinen Namen „Freeze Screenposition Banner". Was zu deutsch etwa so viel bedeutet wie „Banner in gefrierender Bildschirmstellung".

Mit dem Sticky Ad versuchte die Online-Werbeindustrie dar- auf zu reagieren, dass Websitebesucher die zumeist im oberen Seiten- bereich festpositionierte Werbung bei längeren Inhalten nicht mehr

dauerhaft sehen und damit wahrnehmen konnten. Mit dem Sticky Ad sollte die Werbung nun immer im Blickfeld des Betrachters bleiben. Und dabei war es egal, wie lang ein Seiteninhalt auch war.

Allerdings kommt das Sticky Ad auch nicht ohne Tücken da- her. Um es auf einer Internetseite nutzen zu können, sollte es den Sei- teninhalt nicht überdecken. Zwar kann ein Sticky Ad mit einer „schliessen"-Funktion ausgestattet werden, das wäre aber nicht Sinn der Sache. Schliesslich soll es den Besucher während des gesamten Seitenaufenthalts im Bildschirm festpositioniert begleiten. Zur Posi- tionierung optimal geeignet ist dazu also überwiegend der linke oder rechte Rand einer Webseite, der bis zum Seitenende von Inhalten frei steht. Da eine Webseite ja zumeist vom eigentlichen Seiteninhalt und nicht vom Seitenrand geprägt wird, nimmt der Seitenrand im Verhält- nis natürlich die geringere Breite ein. Deshalb werden grössere Sticky Ads deshalb fast nur in der Vertikalen (Hochkannt) verwendet. Ein weiteres Problem stellt aber die Bildschirmauflösung des Betrachters dar. Vor allem noch dann, wenn die Webseiten mittels Framesets formatiert werden. Eine niedrigere Bildschirmauflösung (z.B. 800 x 600) vergrössert alles sichtbare auf dem Bildschirm. Und natürlich auch eine aufgerufene Webseite. Zur Folge hat dies, dass sich der Seitenrand gegenüber einer höheren Auflösung am Bildschirm ver- ringert oder dieser sogar ganz verschwindet. Das Sticky Ad würde damit wieder den Seiteninhalt überlagern und die Lesbarkeit ein- schränken. Prinzipiell ist zu empfehlen, die Anzeige der Webseiten in den gängigsten Auflösungen zu testen. Besondere Priorität ist dessen aber beim Einsatz von Sticky Ads beizumessen. Im Allgemeinen kann die Auflösung sehr einfach durch die Bildschirmeinstellungen innerhalb der Systemsteuerung verändert als auch rückgängig ge- macht werden.

Aus technischer Sicht gibt es keine Einschränkungen bei der Bannergrösse. Eingebunden werden kann ein Sticky Ad durch die Eingabe von JavaScript und einigen Befehlen innerhalb des HTML- Codes.

1.19.7 Comet Cursor

Unter Verwendung des Comet Cursors verändert sich der gemeinhin bekannte Mauspfeil (sog. Cursor). Auch beim Comet Cursor spielen Interaktion und Markenbewusstsein eine grosse Rolle für den Wer- benden. So können sich beispielsweise Form und Farbgebung des Mauszeigers vollständig einem Produkt oder Logo anpassen und so- mit Anreiz und Interesse beim potenziellen Kunden wecken. Zusätz lich steigert die selten verwendete Technologie den Erinnerungswert. Gerade, wenn die Maus über das dazugehörige Werbebanner auf der Seite geführt wird, soll sich der Comet Cursor verwandeln und so zu einem Klick führen. Genauso kann der Comet Cursor auch zusätzli- che Informationen oder Hinweise beim überführen von Links und Bannern anzeigen.

Möglich wird der Comet Cursor durch eine Rich Media-Anwendung, welche beim Besuch der entsprechenden Webseite heruntergeladen werden muss. Erst das Herunterladen der kleinen Software macht den Comet Cursor möglich. Und das alleine ist auch der Nachteil des Comet Cursors. User laden nur ungern Software einzig zu Werbe- zwecken herunter. Interessant für den Werbenden wird hingegen die Kopplung der Anwendung des Comet Cursors mit anderen Anwen- dungen. Beispielsweise Online-Spiele und dergleichen, für die das kurzzeitige Herunterladen einer Software bzw. Anwendung zur Verwendung ebenfalls notwendig wird. So kann bei kostenlosen Online- Anwendungen auch der User mit kleinen Werbeeinblendungen durch den Cursor durchaus leben. Sicherlich eine Tatsache, der wir in der Zukunft desöfteren begegnen werden.

1.19.8 Streaming (Video) Ad

Das Streaming Ad (auch Streaming Video Ad) ist eigentlich nichts anderes als ein Werbespot. Das Besondere ist jedoch, dass der Werbe- film vollständig durch einen Ad Server ausgeliefert wird. Das macht es zum Einen möglich, das Streaming Ad in nahezu jeden Seitencon- tent zu laden. Sei es in ein Popup, in einen Frame oder eine einfache HTML-Seite. Zum Anderen kann das Streaming Ad natürlich vom User angeklickt und mit der Website des

Werbenden verbunden wer- den. Mit der Technologie der Ad Server kommen dem Streaming Ad aber noch etliche weitere Vorteile zu Gute. Werbekampagnen können ganz an die Interessen der Werbungtreibenden angepasst werden. So können die Streaming Ads beispielsweise nur auf artverwandten Websites ausgeliefert werden und damit der erfolgversprechende, potenzielle Konsumentenkreis herausgefiltert werden. Andererseits kann die Werbeauslieferung aber auch an die technische Gegebenheit des Einzelnen, also von Website und Konsument, angepasst werden. Eine technisch reibungslose Auslieferung wird somit gewährleistet. Und für die Erfolgsauswertung können u.a. Aufrufe, Verweildauer und Klicks des Streaming Ads aufgezeichnet werden. Daraus lassen sich wichtige Erkenntnisse für die Planung zukünftiger Werbekampa- gnen ermitteln. Die Einbindung bzw. Auslieferung des Streaming Ads erfolgt im Format „Rich Media".

1.19.9 E-Mercial

Der E-Mercial ist ein maximal 7 Sekunden langer Flash-Werbespot, der dem User im Vollbildschirm-Modus (Fullscreen) präsentiert wird. Zum Schluss des Werbefilms ist das Logo des Werbenden eingebun- den. Entgegen vieler Behauptungen ist der E-Mercial nicht mit dem Interstitial zu vergleichen. Der Unterschied ist insbesondere in der Form der Verwendung zu finden. Während das Interstitial den Sei- tenbesucher rigoros bei der Weiterführung auf eine Internetseite über- rascht, kündigt sich der E-Mercial zuvor an oder wird in einem ohne- hin weniger störenden Augenblick abgespielt. Zudem wird das Inter- stitial zwar auf einer ganzen Internetseite, aber nicht im gesamten Bildschirm angezeigt.

Der E-Mercial versucht die Markensympathie und den Erinne- rungswert mit dem Werbemittelkontakt zu steigern. Besonders effek- tiv kann der E-Mercial innerhalb von Wartezeiten wie beispielsweise einem Downloadvorgang abgespielt bzw. angeboten werden. Vor- nehmlich unterhaltungsorientierte Websites ziehen ein besonderes Augenmerk auf die Erfolge mit dem bildschirmfüllenden Werbespot. Die Einbindung von Animation, Sound, Text und Grafik innerhalb dieser Werbeform vereinen die Vorteile des Internet mit denen des Fernsehens. Das bietet eine zukunftsorientierte und gleichermassen vielversprechende Grundlage für Entertainment im Internet.

1.19.10 Easy-Ad

Das Easy-Ad an sich steht zwar für ein eingebundenes Werbemittel, bietet aber vielmehr gleich eine ganze Benutzeroberfläche für den User. Eingebunden auf einer Internetseite bietet es beispielsweise im oberen Bereich eine Flash-Werbung sowie daneben Linkverweise etwa zum Shop, zu Spielen und zu Musik. Im unteren Bereich des Easy-Ads befindet sich weiterhin ein Chat zur Unterhaltung mit ande- ren Usern. Die gesamte graphische Benutzeroberfläche des Easy-Ads ist dabei an das Design einer Marke (Look and Feel) angepasst.

In der Bereitstellung ist das Easy-Ad sicherlich eines der tech- nisch aufwendigsten Werbemittel, weil es praktisch der Ausstattung einer komplett eigenen Website nachkommt. Dennoch geht das Easy- Ad erstmals völlig neue Wege. In der Verbindung von Internet mit Unterhaltung und aktiver Teilnahme innerhalb eines geschlossenen Markenumfeldes (Brand-Images) erhöht das Easy-Ad nicht nur den Erinnerungswert an die Marke, sondern auch den Verbreitungsgrad dessen ausserhalb des Internets. Innerhalb der Bindung durch Mitgliedschaft in Chat oder Forum (Brand Community) werden diese Eigenschaften noch zusätzlich gefördert. Die permanente Bewegung innerhalb des Brand-Images sorgt für einen gesteigerten Erlebniswert der Marke.

1.19.11 Webspots

Webspots sind eigens für das Internet erstellte Werbefilme. Dabei handelt es sich allerdings nicht um eine durchgehend fliessende Bild- animation, sondern um eine hintereinander abfolgende Bilderserie, die mit Audio-Ton im MP3-Format (MPEG Audio Layer 3) erzählt wird. Kurz gesagt eine Art Bildergeschichte!

Die Vorteile des Webspots sind kurze Ladezeiten durch spezi- elle Programmierung der Werbemittel. Praktisch jeder User kann den Spot unabhängig von der Bandbreite seines Web-Zugangs ansehen. Es sind keine Plug-Ins oder zusätzliche Downloads nötig. Das Wer- bemittel erkennt dafür automatisch die Bandbreiten des Users und wählt in der Regel von drei vorgefertigten Webspots den aus, der für die entsprechende Bandbreite am ehesten geeignet ist. So ist es egal, ob der User nun einen Internetanschluss mit einem 32K-Modem oder mit DSL-Anschluss zur Verfügung hat. Jeder von ihnen kann den Webspot ansehen.

1.20 Adserver und Ihre Technologie

Wieviele insbesondere neuartige Werbeformate es inzwischen gibt, haben Sie eben erfahren können. Und täglich wird das Internet durch weitere Werbemittel bereichert. Während noch vor einigen Jahren nahezu statische Formate das Internet beherrscht haben, werden heute immer umfangreichere und aufwendigere teils mit Ton unterlegte Animationen dem User präsentiert. Immer dynamischer, immer wir- kungsvoller ist die Devise.

Exklusive und zugeschnittene Werbeformate erfordern in ihrer Entstehung und Vermarktung eine hohe Fachkompetenz. Weil sich die Unternehmen natürlich vorwiegend mit ihrem eigenen Geschäfts- segment beschäftigen, bildet sich eher selten eine solche Fachkompe- tenz im eigenen Haus. Deshalb haben sich in dieser Marktlücke Fir- men angesiedelt, die sogenannte „Ad Server" betreiben. „Ad Server" sind hochleistungsfähige Internetserver, die mit Hilfe spezieller Soft- ware die Auslieferung der Werbeformate der Werbungtreibenden steuern. Auch die Betreiberunternehmen dieser bedeutenden Inter- netserver werden schon mal landläufig als „Ad Server" bezeichnet.

Anhand eines kleinen Beispiels möchte ich Ihnen die Funkti- onsweise dieser Adserver noch etwas verdeutlichen. Buchen Sie also bei einem solchen Adserver (Betreiber) eine Bannerwerbung, wird ihr Werbemittel nicht direkt auf einer anderen Website eingefügt. Viel- mehr wurden von den Betreibern der Adserver schon im Vorfeld ge- eignete Werbepartner gesucht, auf deren Websites Werbung präsen- tiert werden kann. Hierbei wurde eine detaillierte Datenerhebung des Werbepartners und vor allem seiner Website durchgeführt, die zum

Zweck hat, ein kategorisch und themenbezogenes Profil in der Soft- ware des Adservers anzulegen. Mit der vertraglichen Übereinkunft erhielten die Werbepartner von den Adserver-Betreibern einen HTML-ähnlichen Code (sog. Tag), der direkt in die Website einge- bunden wurde. Wenn nun also Ihre Werbebuchung bei der Adserver- Firma eingeht, kann nach spezifischen Kriterien die passenden Wer- bepartner aus dem Stamm herausgefiltert werden. Und nur auf den Websites dieser herausgefilterten Werbepartner wird nun Ihre Wer- bung ausgeliefert.

In der Praxis ist die Technologie dieser Adserver natürlich deutlich weiter als in dem zuvor genannten Beispiel. Adserver ver- breiten heute weit mehr als nur einfache Bannerwerbung. Nahezu jedes Werbeformat kann von den Ad- servern in sekundenschnelle auf diversen Hundert Websites angezeigt werden. Und das bei mehreren Millionen möglichen Seitenaufrufen je Website. Noch während des Aufbaus einer Internetseite werden innerhalb von Sekunden-bruchtei- len zunächst technische und allgemeine Informationen des einzelnen Seitenbesuchers abgefragt und erst dann ein zielgruppen- und nutzer- orientiertes Werbemittel vom Adserver zurückgeliefert. Daraufhin werden vom Adserver eine Vielzahl von möglichen Informationen dokumentiert:

Zeit der Betrachtung (Werbefilme etc.)

Verweildauer auf der Website

PC-Standort des Besuchers

Betriebssystem des Besuchers

Browser und Browserversion des Besuchers

Verwendete Internetverbindung des Besuchers

Internetprovider des Besuchers

Land und Gebiet des Besuchers

Klicks auf Werbemittel (mit Datum und Uhrzeit)

Und vieles mehr

Sie sehen, innerhalb von Augenblicken werden mehrere Milliarden Daten vom Adserver verarbeitet und gesteuert. Das grenzt an techni- sche Höchstleistung.

Das Sammeln der Daten der einzelnen Besucher sowie deren Verhaltensweise gegenüber dem angezeigten Werbemittel (sog. Re- porting) bietet dem Werbungtreibenden eine massgebende Grundlage für die Erfolgsauswertung und Optimierung seiner Werbekampagnen. Auch wenn die Erhebung benutzerorientierter Daten in der Öffent- lichkeit immer wieder kontrovers diskutiert wird, ist sie dennoch zu- mindest zu Teilen notwendig, um Werbung zum richtigen Zeitpunkt an der richtigen Stelle anzuzeigen. Schliesslich lassen sich gerade dadurch abwechslungsreiche und erwünschte Werbebotschaften vermitteln.

1.21 Werbemails

Die Kommunikation über Emails hat seinen Siegeszug schon vor ei- nigen Jahren gefeiert. Und auch die Werbeindustrie hat diese gewalti- ge und einflussreiche Werbemaschinerie für sich entdeckt. Mensch kommuniziert in der modernen Welt längst nicht mehr auf Papier, sondern elektronisch. Für die Werbeindustrie ein grosser Vorteil, denn Werbeprospekte kosten viel Geld. Emails nicht! Abgesehen von einigen Grundkosten, kann die gleiche Anzahl Interessenten zu Bruchteilen des sonst benötigten Werbebudgets informiert werden.

Da Sie sich hier schon ausgiebig mit dem Thema Online- Marketing be- schäftigen, gehe ich auch davon aus, dass Sie inzwi- schen schon die eine oder andere E-Mail selbst verschickt haben. Nun könnten Sie bei Ihrem Emailverkehr mit Familie, Freunden, Partnern, etc. - natürlich auch etwas Werbung für Ihre Homepage machen. Und dagegen spricht auch nichts. Aber Sie wollen natürlich weitmehr Menschen erreichen, um Ihre Inhalte und Angebote darzubieten. Herkömmlich stehen Ihnen dafür eine Vielzahl von Newslettern im Internet zur Verfügung, in denen Sie Anzeigen schalten können. In der Vorgehensweise nicht viel anders als bei einer Zeitungsanzeige. Sie vereinbaren den Preis, übermitteln den Werbetext und erhalten zusammen mit der Rechnung ein Belegexemplar. Allerdings ist diese Form der Werbeschaltung unlängst überholt. Die Werbewirkung und Erfolgskontrolle ist mehr als bescheiden. Und auch die Akzeptanz einer Werbeanzeige in einem Newsletter wird vom Leser nicht als sonderlich hoch eingestuft. Der Leser interessiert sich schliesslich für den redaktionellen Teil des Newsletters und überfliegt gemeinhin dort enthaltene Werbeanzeigen. Dementsprechend ergibt sich im Normal- fall auch nur eine Klickrate von höchstens 2 bis 2,5 Prozent. Wenn überhaupt!

Die Nachfrage aber, nach wirkungsvollerer Emailwerbung ist schon lange da. Über viele Jahre hinweg nutzten schwarze Schafe das Internet für die Verbreitung von unerwünschter Werbung per Email (sog. Spamming). Der von Geldgier getragene Gedanke war, pure Werbung an möglichst viele Personen per E-Mail herauszuschicken.

Obwohl schon damals dieses Spamming von Mailprovidern verboten wurde, hielten sich diese Gauner in einer rechtlichen Grauzone auf. Und tun es im Groben sogar heute noch. Nach und nach versuchen sich die marktbeherrschenden Mailprovider allerdings mit ihrem hausgemachten Problem auseinanderzusetzen und die eine oder ande- re technische Barriere aufzustellen.

Renommierte Mailprovider schützen ihre Mitglieder heute mit entsprechenden Spamfiltern, so- dass sich unerwünschte Emails nur noch selten ins Postfach verirren.

Was aber spricht dagegen, dem User die Emailwerbung auch als solche zu verkaufen? Ein deutscher Unternehmer gründete vor einigen Jahren aus der Idee heraus ein Projekt, bei dem Besucher Geld für das Lesen von Emails erhalten sollten. Das Projekt machte natürlich sowohl in der Presse als auch in der Fangemeinde des Inter- nets gross Furore. Seither sind viele Nachahmer dazugekommen und Sie können noch für viele andere nette Eigenschaften hier und da Geld verdienen. Es hat sich ein ganzer Markt gebildet, der diese so- genannten „Partnerprogramme" betreibt. Aber mit dieser Marktbildung hat sich auch die Idee der „bezahlten E-Mail" weiterentwickelt. Ursprünglich enthielten diese „bezahlten E-Mails" aktuelle Nachrichten für Jedermann und selbstverständlich auch eine ganze Menge Werbeanzeigen. Und zwar weit mehr als bei den bis dahin bekannten üblichen Newslettern. Ist ja auch selbst- verständlich, denn der Betreiber dieser „bezahlten E-Mails" musste ja seinen Lesern noch Geld auszahlen. Und dieses finanzierte sich anteilsweise aus den Anzeige- kosten vom Werbenden (sog. Cashflow). Und daran hat sich auch bis heute nichts geändert. Aber das Konzept wurde von der vermeintli- chen Kon- kurrenz überarbeitet. Anbieter dieser „bezahlten Emails" (Paidmail) mischten die Inhalte nicht mehr mit zwischengeschalteten Werbeanzeigen, sondern versandten Emails ausschliesslich mit rei- nem Werbetext. Natürlich aus wirt- schaftlichen Gründen, aber auch, um die Exklusivität der Werbung hervorzu- heben. Bei der Ausliefe- rung reiner Werbung in Emails an Personen, die dem Empfang aus- drücklich zugestimmt haben, reden wir von der „WerbeMail".

Ob die Werbung in Paidmails, also bezahlten Emails, wirklich lang- fristig Erfolg verspricht, ist strittig. Einerseits geht man natürlich da- von aus, dass für den Empfänger ein Anreiz vorhanden sein muss, damit sich dieser über- haupt eine Email nur mit Werbung durchliest. Andererseits bleibt durch die Bezahlung an die Leser aber auch die Wirtschaftlichkeit auf der Strecke und die Gefahr, dass aus potenziel- len Interessenten nur noch „gekaufte Leser" werden, erhöht sich. Und diese Tatsache schreckt zunehmend auch die Werbe- kunden ab.

Besser haben sich da die kostenlosen Mailprovider und Interessenge- meinschaften (Communitys) zu helfen gewusst. Sie versenden ihre Werbe- Mails an die webeigenen Postfächer ihrer User. Mit dem Ein- tritt in diese Communitys wird der User offen damit konfrontiert, dass er von Zeit zu Zeit als Gegenleistung für die Inanspruchnahme der kostenlosen Dienste Werbung in sein Postfach erhält. In diesem Sinne gibt sich der User ausdrücklich mit dem Empfang der Werbung einverstanden. Dieses Verfahren stellt eine wesentliche Freiheit für die kommerzielle Kommunikation dar und erhöht damit die Akzeptanz der beworbenen Promotion.

Um diese Community-Dienste nutzen zu können, reicht es keinesfalls aus, nur Ihre Adresse in einem Formular zu hinterlassen. Sie müssen stattdessen eine umfangreiche Anmeldung auf der Website der Com- munity vornehmen. Innerhalb dieser Anmeldung werden beispiels- weise Interessengebiete, beruflicher Status, Wohnort, Alter, Ge- schlecht und vieles mehr abgefragt. Im Anschluss an die ausführliche Anmeldung sollte der beitretende User eine Begrüssungsemail mit Hinweisen zur Abmeldung erhalten (sog. Opt-In-Verfahren). Aus Sicherheitsgründen wird heute sogar bevorzugt, den User zur endgül- tigen Anmeldung einen Link innerhalb der Begrüssungsemail bestätigen zu lassen. Man spricht dann vom sog. „Double-Opt-In Verfah- ren".

Die Erfordernis der durchaus zeitaufwendigen Angaben und Bestätigungsverfahren können schon die eine oder andere Anmeldung auf der Strecke lassen. Sie dienen aber letzten Endes allen Seiten. Aus den gemachten Formularangaben der User werden einzelne Profile erstellt. Anhand dieser Profile können später in diversen Suchkriterien die Empfänger für eine bestimmte Werbebotschaft herausgefiltert werden. Werbung kann damit zielgruppenorientiert ausgeliefert wer- den. Beispielsweise kann durch das Filtern der Postleitzahl bzw. des Bundeslandes ein regionaler Personenkreis mit Werbemails beliefert werden. Die zielgruppengenaue Verteilung der Werbemails erhöht die Response auf Werbekampagnen und verhindert, dass die übrigen User durch unbrauchbare Werbung verdrossen werden. Je mehr die- ser Filter kombiniert werden, desto geringer ist zwar der Empfänger- kreis, erhöht aber ganz bemerkenswert die Qualität der potenziell verbleibenden Interessenten. Man versucht die Empfänger herauszu- filtern, die eine hohe Affinität zu den Interessen des Werbekunden aufweisen.

Aber auch die teilweise sehr umständlichen Verfahren bei der Anmeldebestätigung haben ihren Grund. Sie erhöhen sowohl die Echtheit als auch die Akzeptanz der Anmeldung und schliessen zu- gleich unerwünschtes Spamming durch andere Internetteilnehmer aus. Duplikate und Missbrauch bei Anmeldungen sollen damit ausge- schlossen werden.

1.22 Affiliate Marketing

Lange Zeit haben Homepage-Betreiber nach einer erfolgsorientierten Vertriebslösung gesucht, mit der sie ihre Werbeaktivitäten absolut selbst kontrollieren und zugleich auch steuern können. Jede Firma, jeder Unternehmer und jeder noch so kleine Homepage-Betreiber hat seine eigenen Prioritäten bei der Durchführung von Werbemaßnah- men. Und kaum ein Vertriebskonzept dürfte all die eigenen Vorstel- lungen so umsetzen können, wie das „Affiliate Marketing". Beim Affiliate-Marketing, auch Partnerprogramm genannt, stellen Sie auf Ihrer Website ein Programm zur Verfügung, das es eigenständig er- möglicht, dass sich andere Homepage-Betreiber jederzeit als Ihre Partner anmelden. Ihre angemeldeten Partner erhalten darauf hin von Ihrem Partnerprogramm personalisierte Werbemittel (Banner, Links, Werbetexte), die sie dann auf den eigenen Internetseiten oder in Emails etc. einfügen können. Dafür zahlen Sie Ihren Partnern bei- spielsweise eine Provision für jeden Verkauf, der durch einen Besu- cher von diesen verwendeten Werbemitteln herleitet. Auch eine Klickvergütung, also Bezahlung für jeden vermittelten Besucher, wä- re natürlich möglich.

Die Vorteile eines eigenen Partnerprogrammes liegen klar auf der Hand. Das Programm liegt auf Ihrem Webserver bzw. ist in Ihre Website integriert. Sie verwalten das Programm und haben als Admi- nistrator alle technischen Rechte. Sie können selbst darüber verfügen, welche Voraussetzungen Ihr Partner erbringen muss, um eine Provi- sion von Ihnen zu erhalten. Auch die Aufnahmekriterien für die Teil- nahme am Partnerprogramm überhaupt können Sie selbst bestimmen. Sie können Anmeldungen zunächst selbst überprüfen oder vom Part- nerprogramm automatisch zulassen. Sie bestimmen anhand von Teil- nahmebedingungen, wann und wie Sie Ihre Partner auszahlen. Und auch, in welchem Umfang Sie Ihre Partner unterstützen, informieren und mittels Erfolgsstatistiken im gesicherten Login-Bereich versor- gen. Gleichzeitig haben Sie als Administrator natürlich die Möglich- keit, selbst jederzeit die Wirtschaftlichkeit aller Partner zu kontrollie-

ren und durch neue Ideen und Änderungen kurzfristig zu beeinflus- sen. Und sofern Ihr Partnerprogramm auf den Verkauf von Waren oder Dienstleistungen ausgelegt ist, können Sie Shopping- und Be- stellsysteme integrieren und Arbeitsabläufe völlig automatisiert durchführen lassen. Umsatzstatistiken können Sie sich auf Knopf- druck ganz aktuell anzeigen lassen und daraufhin sofort reagieren.

Aber das eigene Partnerprogramm hat auch seine Kehrseite! Bevor Sie ein eigenes Partnerprogramm bereitstellen, sollten Sie sich der Verantwortung und der Arbeit, die auf Sie zukommt, durchaus be- wusst sein. Auch wenn sich viele Arbeitsabläufe automatisiert durch- führen lassen, bleibt noch immer eine Menge Arbeit auf Ihnen sitzen. Es gilt juristische Hindernisse zu überwinden, Support für Partner zu leisten, das Partnerprogramm ständig weiterzuentwickeln, den Infor- mationsfluss aufrechtzuerhalten, Werbemittel bereitzustellen, Kon- flikte mit Partnern zu lösen, technische Sicherheit zu gewähren und das alles neben Ihren eigentlichen Geschäftstätigkeiten. Und dazu benötigen Sie zunächst auch die finanziellen Mittel, um ein solches Partnerprogramm zu erwerben und in Ihre Website einbinden zu las- sen. Und zumindest in der Anfangsphase benötigen Sie auch Fremd- werbung zum Aufbau Ihres Partnerprogrammes. Insgesamt eine Ver- antwortung, derer viele Kleinunternehmer in der Vergangenheit un- terlegen waren. Dennoch werden dem Affiliate-Marketing grosse Wachstumspotenziale bestätigt und man rechnet schon heute mit mehreren Milliarden Umsatz durch dieses Marketingkonzept.

1.23 Couponing, Rabatte & Kundenkarten

Überall in Deutschland ist von anhaltender Konjunkturflaute die Re- de. Die Wachstumsprognosen der Regierung fallen verhalten aus und auch führende Wirtschaftsinstitute geloben in ihren Prognosen kaum Besserung. Einführung der neuen Währung, horrend steigende Ben- zinpreise, wachsende Privatverschuldung und die Anpassung an ein einheitliches Europa. Das sind nur einige der Gründe, warum beim Konsument das Geld nicht mehr so locker sitzt. Aber eine Konjunk- turbelebung aus wirtschaftlicher Sicht ist nur möglich, wenn auch der Geldfluss wieder zunimmt. Also versucht sich die Wirtschaft damit zu helfen, dass sie die Kaufanreize beim Verbraucher steigert, indem sie unter bestimmten Voraussetzungen den Kaufpreis mindert oder zusätzliche Prämien und Leistungen gewährt. Die grundlegende Basis für diesen wirtschaftlichen Einsatz wurde durch den Wegfall des Ra- battgesetzes sowie der Zugabenverordnung geschaffen. Nach fast 70 Jahren wurden diese Bestimmungen am 25. Juli 2001 aufgehoben. Bis dahin waren in Deutschland nur Rabatte in Höhe von 3 Prozent des Kaufpreises erlaubt. Nun aber sollte der deutschen Wirtschaft insbesondere im Wettbewerb um die europäische Kon- kurrenz die notwendige unternehmerische Freiheit gegeben werden.

"Coupons" sind elektronische oder gedruckte Bezugsberechtigungen, die dem Konsumenten bei frist- und ordnungsgerechter Einlösung einen geldwerten oder mengenmäßigen Vorteil gegenüber dem Nor- malbezug (ohne Coupon) versprechen.

Als "Couponing" wird damit die Verbreitung von Coupons aus Sicht der Unternehmen bezeichnet.

Wozu dienen Coupons? Im Endeffekt natürlich dem Verkauf von Waren und Dienstleistungen. Allerdings ist zu unterscheiden, ob der Coupon zur

- Neukundengewinnung (Dialogcoupon), - Absatzförderung (Rabattcoupon),- Kundenbindung (Zugabecoupon) oder - Treuebelohnung (Treuecoupon)

verwendet werden soll. In der Praxis sind die verschiedenen Cou- ponarten jedoch fast immer stark vermischt. So wird natürlich ein Treuecoupon gleichfalls der Absatzförderung dienen und ein Zugabe- coupon könnte ebenfalls Neukunden gewinnen. Es hängt also ganz stark davon ab, wie und wo ein Unternehmen Coupons offeriert und welche Bedingungen zur Einlösung herrschen. Dennoch sollten Sie sich Gedanken darüber machen, welchen überwiegenden Zweck Ihr Couponing unterstützen soll.

Soll ein Coupon der Neukundengewinnung dienen, also dem erstma- ligen Zustandekommen eines Dialogs zwischen Verkäufer und Kun- de, so muss der Dialogcoupon natürlich dort verbreitet werden, wo die wenigsten bestehenden Kunden zu vermuten sind. Oder die Be- dingungen müssen auf einen Erstkauf ausgelegt werden. Auch die zielgruppenorientierte Übereinstimmung an Ihr Leistungsangebot sollte vorhanden sein.

Zur Absatzförderung können Sie Rabattcoupons direkt an Ihren be- stehenden Kundenkreis verteilen. Dazu können Sie eigene Kunden- magazine, Newsletter, Rundschreiben, Website und ggf. gedruckte Coupons im Laden verwenden. Aber auch fremde Medien, wie Fern- sehen, Radio, Zeitungen und Internet mit integrieren.

In der Kundenbindung werden die sogenannten Zugabecoupons zu- nehmend durch die allseits bekannten Kundenkarten abgelöst. Wahr- scheinlich haben auch Sie die eine oder andere Kundenkarte in Ihrem Portemonnaie. Vor allem Lebensmittel- und Kaufhausketten setzen auf diese Kundenbindung, weil die Kaufverpflichtung für Haushalts- bedarf eine regelmäßige Wiederkehr des Kunden mit sich bringt und daher langfristig besonders lohnenswert ist. Durch jeden Kauf erhält der Kunde Punkte auf seine Kundenkarte, für die er sich attraktive Prämien aussuchen und zuschicken lassen kann. Der Kunde erhält somit eine indirekte Zugabe zu jedem seiner Einkäufe. Den Zugabe- coupon gibt es aber noch als Warengutschein beim Einkauf eines ausgewählten Artikels, also im Sinne des "Buy One - Get One Free".

Die Treuebelohnung setzt ein vorbestimmtes Verhalten des Kunden voraus. Etwa für Wiederkehr, Dauer der Kundenbeziehung oder Menge der Käufe. Auch hier werden inzwischen Kundenkarten ge- nutzt, um beispielsweise nachträglich Gutschriften für getätigte Käufe zu gewähren.

Eine Couponing-Aktion ist aber auch mit Kosten verbunden. Vom eigentlichen Nachlass, den Sie mit der Aktion gewähren abgesehen, entstehen Ihnen Kosten in der Gestaltung der Coupons, in der Ein- richtung (Distribution) und der Bearbeitung während der Aktion (Handling). Daher ist eine Erfolgsmessung und Erfolgsauswertung nahezu unumgänglich. Dafür benötigen Sie Zahlen, die Sie während einer solchen Aktion unbedingt sammeln sollten. Etwa die Anzahl der ausgegebenen Coupons, die Einlösequote und den Verkaufserlös. Daraus lassen sich jeweils die Kosten je ausgegebenem Coupon und je eingelöstem Coupon berechnen.

Man geht davon aus, dass das Couponing ähnlich dem Vorreiter A- merika einen festen Stellenwert im deutschen Marketing einnehmen wird.

1.24 Search Marketing

„Search Marketing" - auch „Sponsored Search" genannt - ist eine neue kostenpflichtige Werbemöglichkeit innerhalb von Suchdiensten. Dabei wird Ihre Werbung oberhalb von Ergebnissen einer Suchabfrage zusammen mit der Werbung anderer Sponsoren angezeigt.

Der Vorteil dieser Werbeform ist erneut die zielgruppengerechte Ansprache. Durch die vorgegebene Verschlagwortung der geschalteten Werbung in Verbindung mit einer übereinstimmenden Suchabfrage werden Streuverluste reduziert und qualifizierte Kontakte vermittelt. Der ROI (siehe Definition weiter unten) wird daher gegenüber Email- und Bannerwerbung deutlich höher geschätzt. Auch die Echtheit des Kontaktes sowie das tatsächliche Interesse an Dienstleistung oder Produkt sind automatisch beim vermittelten Besucher gegeben.

Um das Suchmaschinen-Marketing nutzen zu können, müssen Sie sich beim Anbieter zunächst anmelden. Je nach Auswahl der Services kann die Anmeldung kostenpflichtig oder kostenfrei sein. Unabhän- gig von der Serviceauswahl entstehen aber derzeit noch fast bei allen Anbietern des Search-

Marketings Mindesteinzahlungen, Mindestge- bote für Klicks und Mindestumsätze je Monat für die Dauer der Nut- zung. Prüfen Sie daher zunächst genau die Konditionen! Mit der An- meldung hinterlassen Sie genaue Angaben zur bewerbenden Website und Ihrer Person. Nach erfolgter Prüfung des Anbieters erhalten Sie in der Regel innerhalb von 3 bis 5 Werktagen die Zugriffsdaten zu Ihrer Online-Kontoverwaltung. Sie können dann damit beginnen Ihr Guthabenkonto aufzuladen, Werbetext und Werbelink einzurichten und Ihre Werbemaßnahme freizuschalten. Der Rang Ihrer Werbean- zeige hängt zumeist davon ab, wie viel Sie je vermitteltem Besucher bezahlen. Je mehr Sie also je Klick bezahlen, desto höher rutschen Sie in der Ergebnisliste der angezeigten Sponsoren-Links.

1.25 Crossmedia-Werbung

Über die genaue Definition von „Crossmedia" streiten noch heute die Marketinggelehrten. Ob Agenturen, Vermarkter und Werbeträger eine einheitliche Definition dafür herausbilden, wird erst in der Zukunft zu sehen sein. Eindeutig ist aber, dass „Crossmedia" eine Werbekampa- gne über mehrere unterschiedliche Medien darstellt. Für den Werbebetrachter (Kunden) muss dabei also die Möglichkeit bestehen, mit mindestens zwei unterschiedlichen Medien in Kontakt treten zu können. Der Werbende profitiert damit aus den Synergieeffekten, die durch den Einsatz zweier unterschiedlicher Medien entstehen.

So lässt sich beispielsweise ein besonders teures oder komplexes Pro- dukt alleine durch Radiowerbung dem potenziellen Kunden kaum

vermitteln. Koppelt man aber die Radiowerbung akustisch auch mit dem Verweis auf die Website, so lässt sich das Produkt für alle Inter- essenten zusätzlich optisch mit Bildern und detailliert mit Erläuterun- gen auf der Website vorstellen. Darüber hinaus könnte das Produkt auf der Website zusammen mit weiteren Angeboten direkt bestellt werden. Unentschlossene Besucher können immer noch auf das An- gebot zurückgreifen oder andere Services innerhalb der Website nut- zen.

„Crossmedia" bedeutet daher nicht die Werbeschaltung ein und der- selben Anzeige gleichzeitig in zwei Medien (z.B. Zeitung + Inter- netseite). Hier wäre vielmehr von einem „Rabatt-Kombi" oder „Cross-Selling" die Rede.

Durch Crossmedia-Werbung können Interessenten letztendlich besser informiert und überzeugt werden und Streuverluste medienübergrei- fend durch weitere Angebote und Services minimiert werden.

1.26 Wireless Advertising

Wireless-Advertising (zu deutsch: mobile Werbekommunikation) genießt weltweit ein steigendes Umsatzpotenzial. Während die Wachstumsraten der deutschen Mobilfunknutzer seit 2000 langsam wieder sinkt und eine Sätti- gungsgrenze erreicht zu sein scheint, schnellen die Mobilfunkteilnehmer in einigen Ländern Europas sowie derzeit in Indien unvorstellbar in die Höhe.

Immer neuere Übertragungs- und Empfangsstandards versprechen im mo- bilen Marketing sehr positive Aussichten. Obwohl die Marktein- führung der vielversprechenden UMTS-Handys noch auf sich warten lässt und damit zu erwartende Preise stark ansteigen sollen, behilft sich der mobile Werbemarkt solange an den bisherigen Standards. Zwar spielen darunter MMS (Multimedia Messaging System), EMS

(Enhanced Message Service), WAP (Wireless Application Protokoll) und GPRS (General Packet Radio System) eine Rolle, werden aber noch von der guten alten SMS (Short Message Service) auf die hinte- ren Plätze verdrängt.

Für die Werbung in der klassischen Textnachricht gibt es zwei Wege: Commercial-SMS und Sponsored-SMS. Mit der „Commercial SMS" steht dem Werbungtreibenden der gesamte Inhalt der Textnachricht für Werbung zur Verfügung. Während bei der „Sponsored SMS" zu- meist nur etwa 30 Zeichen sogenannte Sponsoren-Werbung an eine Textnachricht angehängt werden. Entscheidend für den Erfolg beider Werbeformate ist, dass der Handybesitzer den Empfang der Werbung autorisieren muss. Nur Werbung die der Empfän- ger bewusst lesen möchte wird von ihm auch positiv aufgenommen.

Als „Commercial-SMS" eignen sich beispielsweise kurze Hinweise auf Produktneuheiten, Aktionen, Angebote oder Veranstaltungstermi- ne. Abgese- hen von der Länge der Nachricht also vergleichbar mit dem Newsletter. Aller- dings bei deutlich höherer Aufmerksamkeit und Wahrnehmung des Empfän- gerkreises.

Als „Sponsored SMS" können unter anderem allgemein nützliche Infor- mationen wie Nachrichten, Wettervorhersagen und Sportergeb- nisse dienen, die mit einem Werbegruss des Sponsoren versehen wer- den.

Die Erfolge des mobilen Marketing in Japan und Amerika schließen auf enorme Entwicklungen im Mobilfunkmarkt. Und gewinnbringen- de Erfolgsphänomene sind daher auch in Europa nicht auszuschlie- ssen.

1.27 Sponsoring

Überwiegendes Ziel des Sponsorings ist die Steigerung des Images und des Bekanntheitsgrades des Sponsors. Dafür werden Grafiken (Logos, Banner, Buttons) oder Texte (Content) des Sponsors in die Website des Sponsorneh- mers integriert. Als Sponsornehmer dient dabei zumeist ein bekannteres Unternehmen. Die eingebundenen Fremdinhalte des Sponsors können dabei durch zusätzliche Vermerke wie „presented by:" oder „powered by:" kenntlich gemacht werden. Die im Internet notwendige Verlinkung der Grafiken oder Texte mit der Internetadresse des Sponsors sorgt dann für die Übertragung von Besuchern und einem Wachstum des Bekanntheitsgrades. Ob das Sponsoring entgeltlich ist, hängt von der getroffenen Vereinbarung beider Partner ab. Besonders dann, wenn der Sponsor nicht nur die Einbindung seines Logos etc. wünscht, sondern einen entscheidenden

Beitrag auf der Website des Sponsornehmers leistet, kann eine ko- stenfreie Rückverlinkung durchaus gewährleistet sein. Das kann u. a. durch die Bereitstellung von qualifizierten Berichten, redaktionellen Beiträgen oder hochwertigen Informationen geschehen. Der Vorteil des Sponsornehmers besteht dann darin, dass die Inhalte seiner Web- site aufgewertet werden und damit zu einem Umsatzplus oder einer verstärkten Nutzerbindung verhelfen. Vorwiegend werden die positi- ven Effekte des Sponsorings dann erreicht, wenn die Partnerschaft zwischen Sponsor und Sponsornehmer über einen längeren Zeitraum aufrecht erhalten wird. Zusätzlich können gemeinschaftliche Aktivitä- ten auch außerhalb des Internets eine weitere Förderung der Effekte herbeiführen.

1.28 Social-Sponsoring

Gerade um das Image zu fördern, kehrt in der heutigen Unterneh- menskultur mehr und mehr ein soziales Engagement ein. Es gilt ja nahezu als zeitgemäß, sich um die sozialen Probleme unserer Gesell- schaft zu kümmern. Armut, Hunger, Obdachlosigkeit, Misshandlung und Unterdrückung sind mitunter nur die globalen Themen darunter. Und geschieht der Einsatz für das soziale Umfeld aus der unterneh- merischen Tätigkeit heraus, ist vom sogenannten „Social Sponsoring" die Rede. Gegenüber der Spende einer einzelnen Privatperson kann ein Unternehmen mit seinem Einfluss und seiner Struktur natürlich deutlich mehr bewegen und das ganz nebenbei in der Öffentlichkeitsarbeit auch noch zum eigenen Nutzen auslegen. Bereits aus juristi- schen und steuerlichen Gründen ist es ratsam, ein Social-Sponsoring- Projekt noch vor der Umsetzung mit der Hilfsorganisation genau ab- zusprechen und ggf. auch vertraglich festzuhalten.

Beispiele für Social-Sponsoring:

1. Als Modevertrieb räumen Sie Ihr Lager und spenden eine großzügige Anzahl an Kleidungsstücken an einen Wohlfahrts- verein.
2. Ihr Unternehmen organisiert eine Reise oder einen Ausflug für eine Gruppe sozial notleidender Menschen.
3. In Ihrem Unternehmen und auf Ihrer Homepage wird eine Spendenaktion ins Leben gerufen, die einem sozialen Projekt dient.

1.29 eGame-Marketing

Trotz Piraterie boomt die Industrie für Spiele-Software nach wie vor. Konsolenspiele und PC-Spiele stehen vor allem bei der jüngeren Zielgruppe hoch im Kurs. Und gerade die jüngere Zielgruppe gilt als besonders aufgeschlossen mit dem Umgang neuartiger Produkte oder Dienstleistungen und der damit verbundenen Prägung einer Marke. Auch im Internet ist diese Zielgruppe durch Online-Games erreich- bar. Webbasierte Spieleanwendungen, die für Jedermann zum Spaß und Zeitvertreib geeignet sind (sog. Casual Games) werden dafür mit einem Anmeldeformular in die Website integriert. Durch die Nutzung von Java und Cookies können bereits einfache, animierte Gesellschaftsspiele genutzt werden. Das Spiel öffnet sich für den Anwender in einem separaten Fenster, das vollständig dem Branding des Anbie- ters angepasst ist. Der User hat damit dauerhaft das Branding des An- bieters in der Spieleoberfläche vor Augen und kann sich im Laufe der Zeit damit auseinandersetzen und daran gewöhnen. Der Anbieter kann selbstverständlich die Daten der Spieleranmeldungen auswerten und für seine zukünftige Produktentwicklung und Werbekampagnen nutzen. Er kann aber darüber hinaus auch Informationen aus dem Userverhalten innerhalb der Spieleanwendung sammeln und auswer- ten. Er kann auch Aufgaben bezogen auf sein Produkt oder Unter

nehmen mit in das Spiel integrieren und den User damit direkt konfrontieren. Insgesamt gilt die Verwendung von Online-Games im Branding eines Anbieters als weiterer Schritt in die richtige Richtung. Weg von der aufdringlichen und langweiligen Werbung und hin zur teilnehmenden Unterhaltung (sog. Interactive Entertainment).

1.30 eCards

eCards sind vergleichbar mit Postkarten bzw. Grußkarten. Ein in die Website des Anbieters eingebundenes Modul bietet dem User die Möglichkeit, eine Postkarte versehen mit einer persönlichen Grußbot- schaft an Freunde, Familie oder Bekannte abzusenden. Aus Kosten- gründen versenden die Anbieter diese Postkarten mit einem ausge- wählten Motiv meist nur per Email an den Empfänger. Allerdings bieten eCards auch eine moderne und erfolgreiche Lösung zur Ver- bindung der digitalen Werbung mit der der herkömmlichen Postwer- bung (Reklame). Dabei wird der persönliche Gruß des Nutzers auf die Rückseite der ausgewählten Motivkarte aufgedruckt (Print On De- mand-Verfahren) und dem Empfänger auf dem Postweg zugestellt. Die auf den Postkarten zusätzlich aufgedruckte Werbung des Anbieters erhält auf diesem Wege eine deutlich höhere Wirkung und Akzeptanz beim Empfänger, weil die Werbung getarnt durch die persönliche Grußbotschaft einen anderen Absender vorgibt. eCards dienen dem Anbieter überwiegend im Direktmarketing zum Erwerb von Email- und Postadressen und dem anschließenden Dialog zum Konsumenten.

1.31 Screensaver

Screensaver (zu deutsch: Bildschirmschoner) sind kleine Programme, die dem PC-Anwender zum Download im Internet zur Verfügung stehen. Der Bildschirmschoner hat die Aufgabe, bei Nichtbenutzung des eingeschalteten Computers das unbewegte Bild mit einer überlap- penden Animation oder Bilderfolge so lange zu ersetzen bis der PC durch Mausbewegung oder Tastatureingabe wieder aktiviert wird. Dies soll das Einbrennen des Standbildes im Monitor verhindern.

Immer wieder boomen Screensaver und werden von den überwiegend privaten PC-Nutzern zu zigtausenden kostenlos heruntergeladen. Ent- scheidend für den Werbeerfolg mit Screensavern ist die Qualität. Nur hochqualitative Schoner verweilen über längere Zeit auf dem heimi- schen Computer des Nutzers, der schliesslich selbst bestimmen kann,

wann er den Schoner wechselt oder ausschaltet. Am Erfolg zu messen ist auch hier der Kontakt mit dem Werbemittel. Gegenüber den mei- sten anderen Werbemitteln entsteht jedoch der Kontakt mit der ge- brandeten Kulisse nicht nur bei bestehender Internetverbindung, son- dern auch offline. Das erhöht die Anzahl der Kontakte mit der Marke als auch die Verweildauer dessen auf dem PC. Bei verhältnismäßig geringen Herstellungs- und Bereitstellungskosten bietet der Screensa- ver daher eine günstige Lösung zur Steigerung des Markenimages. Moderne Bildschirmschoner können jedoch schon einiges mehr! Aufwendige Bildschirmschoner können sich bei hergestellter Inter- netverbindung selbst aktualisieren und den Nutzer beispielsweise

auch mit aktuellen Nachrichten, Sportergebnissen oder anderen In- formationen versorgen. Auch hier ist Entertainment das Schlüsselwort für die Zukunft des Werbemediums Bildschirmschoner.

1.32 Open Source Marketing

Abgeleitet vom Sponsoring hat sich vorwiegend im Bereich der Software und Programmierung ein neues Geschäftsmodell entwickelt. Während die kommerzielle Software über den Handel gegen Lizenz- gebühr (im Produktpreis) an den Endverbraucher abgegeben wird, kann die „Open Source Software" (OSS) kostenfrei genutzt werden. Open-Source-Software ist im Prinzip ein Werbeartikel, der sich nur durch den eingebundenen Verweis zum Eigentümer/Programmierer finanziert. Der Eigentümer tritt sozusagen standardisiert als Sponsor der kostenlosen Software auf. Damit sich dieses Geschäftsmodell überhaupt lohnt, sind natürlich eine Menge potenzielle Kontakte mit dem eingebundenen Verweis die Voraussetzung. Daher gelten als Open-Source-Software fast nur jene Programme, die von Homepage- Betreibern in die Website eingebettet werden können und den dorti- gen Besuchern nützlich sind. So erhöht sich der Kontaktkreis zum Verweis von der Person, die das Programm für seine Website benö- tigt auf all jene, die das Programm auf der Website dann auch nutzen.

Als Open-Source-Software eignet sich beispielsweise die Program- mierung für ein Gästebuch, einen Newsletter, ein Diskussionsforum, einen Veranstaltungskalender und vieles mehr. Die einzelnen Dateien werden dabei in der Regel in den Sprachen PHP oder CGI geschrie- ben. Kleinere, nützliche Helfer für die Website wie zum Beispiel für die Anzeige von Uhrzeit und Datum o.ä. können auch schon in Ja- vaScript geschrieben sein.

Wenn auch Sie eine dieser Programmier- bzw. Skriptsprachen beherrschen, bieten Sie doch den Homepage-Betreibern unter Ihren Besu- chern auch ein selbst geschriebenes, hilfreiches Programm mit dem Verweis auf Ihre Website an. Hierdurch erhalten Sie ohne großen Aufwand kostenlose Besucher und helfen darüber hinaus den Content diverser Websites durch Ihr Programm aufzuwerten.

Abschlussworte

Ich möchte mich bei allen bedanken die mir geholfen haben das Manuscript zu schreiben und auch zu veröffentlichen!

Herausgeber: Media Event Solution GmbH

Ihr

Jan Küppers

Notizen

Herstellung und Verlag:
BoD – Books on Demand, Norderstedt
ISBN 978-3-7357-5698-5